北海道33観音巡拝最短ルート図

①高野寺（函館）
②神山教会（函館）
③菩提院（寿都）
④金剛寺（倶知安）
⑤本弘寺（岩内）
⑥仁玄寺（仁木）
⑦日光院（小樽）
⑧精周寺（小樽）
⑨新栄寺（札幌）
⑩立江寺（石狩）
⑪弘清寺（栗山）
⑫遍照寺（奈井江）
⑬真言寺（深川）
⑭丸山寺（深川）
⑮春宮寺（東神楽）
⑯金峰寺（旭川）
⑰弘照寺（中富良野）
⑱富良野寺（富良野）
⑲松光寺（帯広）
⑳密厳寺（本別）
㉑西端寺（釧路）
㉒清隆寺（根室）
㉓大法寺（中頓別）
㉔弘道寺（網走）
㉕宝珠寺（上湧別）
㉖大日寺（紋別）
㉗真言寺（稚内）
㉘弘法寺（美深）
㉙龍徳寺（静内）
㉚日高寺（門別）
㉛円昌寺（三石）
㉜亮昌寺（虻田）
㉝大正寺（室蘭）

改訂版

北海道三十三観音

●よみがえった霊場

資延憲英著

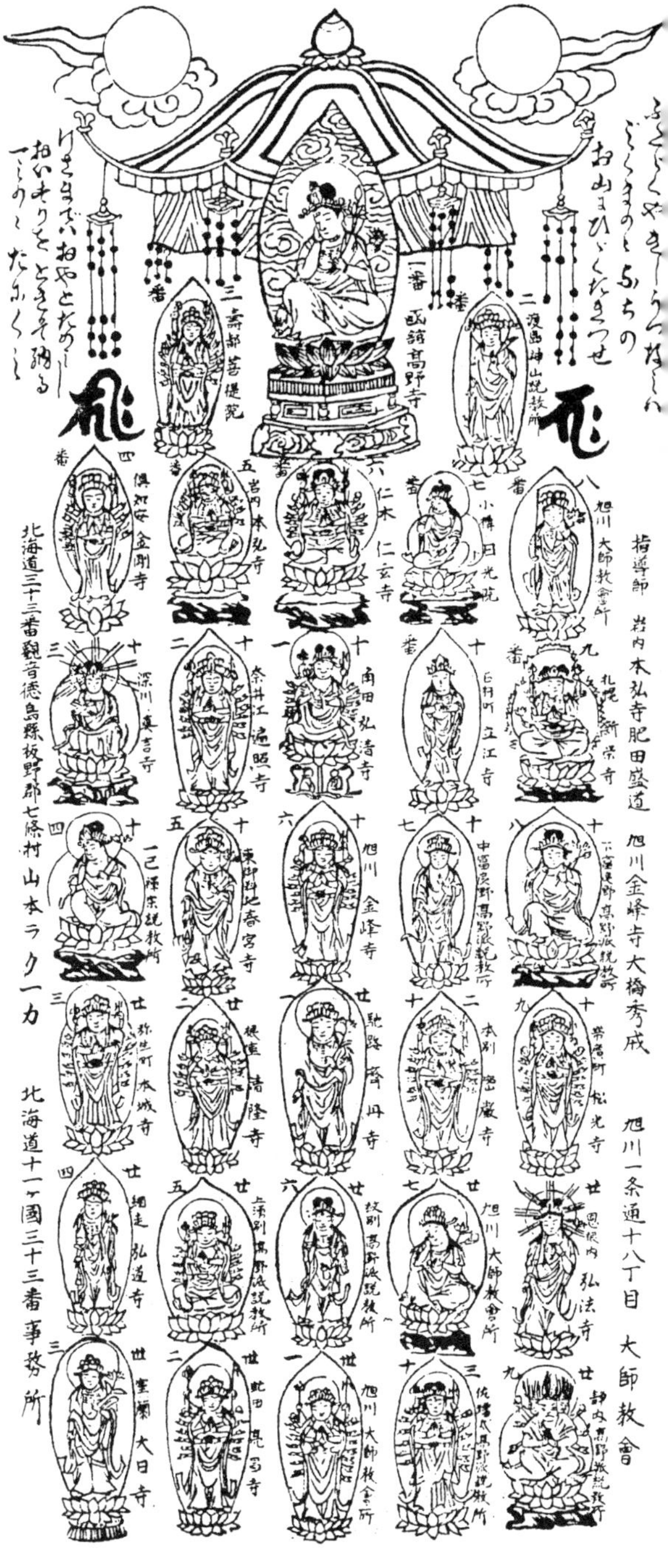

もくじ

表紙解説
表紙の絵は霊場開創当初の掛軸「北海道三十三観音マンダラ」（第十四番丸山寺蔵）を縮小着色したものです

よみがえった霊場

――北海道三十三観音と開創者　山本ラク（善真尼）――

ごく最近まで札所寺院を巡る大規模な観音霊場の北限は、津軽三十三観音霊場であるというのが通説であった。しかし大正二年、徳島県出身の女性山本ラクの観音像寄進によって、ほぼ北海道全域を巡る観音霊場がつくられていたことを知る人は少ない。

当時の北海道はニシン漁に沸きたつ浜もあったが、多くの人びとの生活は貧しく半年に及ぶ冬は、ただ白魔に怯《おび》えるばかりだった。そんな北海道へ、明治の末期年老いた山本ラクは観音霊場をつくろうと、熱い信仰を携えてたった独りでやってきたのである。ラクの熱意に心を動かされた僧俗が賛同し、物心両面の協力を得て、大正二年霊場は発足した。

ところが、その後の経済不況、たび重なる大戦等で巡拝のあまりないまま、ことに終戦後は一部の人を除いて世間から忘れられた霊場になってしまっていた。私財のすべてを投げうってこの霊場創設にかけた山本ラクにしてみれば、文字どおり切歯扼腕《せっしゃくわん》の思いで地下に在ったのではないだろうか。

ようやく各方面からの霊場再興の要望と、札所寺院の協力とが、相俟《あいま》って、霊場開創より七十二年にして昭和六十年九月「北海道三十三観音霊場会」が発足し、ついに霊場はよみがえったのである。

まず札所配置の概略から述べてみたい。

霊場は、第一番を当時の北海道の玄関口函館の高野寺で打って、道内全域を巡り結願は室蘭の大正寺にいたる全行程二三〇〇キロに及ぶ壮大なスケールを持つ。第一番の函館からJR函館本線を北上し、やや日本海に沿って小樽にいたる。小樽を過ぎると、ルートを内陸にとって石狩川沿いに東上し、旭川から富良野、帯広へと南下、さらに太平洋岸の釧路を通り根室からオホーツクに出る。オホーツク海を右にみて稚内にいたると、こんどは地図の上では大雪と日高の背梁山脈を北から南へ一気に日高海岸へと下る。それから結願の室蘭まで、未だ遠い道のりである。

全行程をバスで巡拝すると、旅行社の試算では早くて九泊一〇日、せめて一二〜一三日かければ観光も含まれるという話である。

さて、この壮大な三十三観音霊場をつくった山本ラクなる女性とはどんな人物か。各霊場に安置された観音像をささえる六角形のうるし塗りの台座に彫り込まれた「施主山本ラク一力」の「一力《いちりき》」という文字に、私はこの女性の人生への自信と、並でない信仰の強烈さを見る思いがした。むろん「一力」とは、独力で三十三体の観音像を奉納するという意味である。それにしても、仏像のほかに、各札所寺院の入仏法要の費用や数年にわたるラクの滞在費、諸経費を計算すると、現在の価格にして、一億円以上を要したと思われる。霊場の規模の大きさはもとより、剃髪《ていはつ》して後に「善真尼」と呼ばれる山本ラクの持つ人間としてのスケールの大きさに魅かれるものがあった。

奉納した観音像の前に立つ山本ラク
（第20番密厳寺，大正２年）

まったくと言っていいほど、彼女に関する資料のないまま、かつて山本ラクが住んだことのある旭川市の古老を訪ねることにした。昭和五十三年のことである。

当時の旭川で、最長老の円光寺住職村田舜澄尼（93）の話。

「このごろは体も弱くなりましたし、頭もぼけてしまったからよくは記憶しておりませんが、山本ラクさんは七十歳以上で亡くなったはずです。当時醤油屋をやっていた井内歓二《かんじ》さんの借家に住まっていたが、家賃を支払わないので評判が悪かったようです。井内さんはのちに、衆議院議員となったほどの人でした。ラクさんは細身で小ぎれいな人でした」

高野寺住職の田中善雅僧正（83）は病床にあり、ご子息の善昭師が電話で取り次いでくれた。

「山本ラクさんは徳島から井内歓二氏といっしょに渡道してきた。そして井内氏の土地に大師教会を開いたがうまくゆかず、教会を閉鎖するにあたって土地の問題で井内氏と教会側が争った記憶がある」

このお二方の記憶は、山本ラクの生前を知る人の証言として貴重である。ただし多少の思いちがいのあることは後でわかるが、青年実業家の井内歓二とのかかわりを二人が指摘しているのは興味深い。しかし、三十三観音霊場についての山本ラクの詳しい事績は不明のようであった。このお話をうかがった数年後、村田・田中両師とも遷化された。

生前の山本ラクを知らない人たちは、この霊場についてどのように伝え聞いているであろうか。やはりこの年の夏、ほかの用件をかねて静内町二十九番札所龍徳寺住職郷司仁澄《ごうじにんちょう》師（53）を訪ねると、だれに聞いたか記憶は定かでないがとことわられて、つぎのように語られた。

「当時の北海道としては土地や気候に恵まれた上川の西神楽で、山本ラクさんは開拓に成功した。しばらくは裕福な水田農家を営んだが、子供がいないため耕作を続けることができなかった。そこで国元に相談したところ、帰ってこいというので、土地をすべて売り払い、北海道で世話になったお礼に三十三観音霊場をつくり、その後四国へ帰った」

そのほか二、三の方にたずねても、この類の話が多かった。どうも開拓期によくある話で、開拓―成功―故郷に錦を飾るパターンのような気がする。

山本ラクは、もっと気迫に富んだ明治の女ではなかったたか。どうしても、「一力」と観音像の台座に彫らせた一途な女の心根を、私は払拭《ふっしょく》することができなかった。そして、それから二年後ようやく私は山本ラクの終焉《しゅうえん》の地を探り当てることができた。山本ラクは徳島県板野郡上板町瀬部の西本願寺末円行寺で、大正十五年一月十七日八十二歳の生涯を閉じていたのである。

山本ラクは弘化二年（一八四五）七月六日、徳島県板野郡松島村大字七条村小字元原で、伊三治《いさじ》、セツの二女として出生した。七条村は四国霊場の第六番安楽寺の近くであるから、幼児期のラクは日ごと道往く遍路の姿をみて育ったにちがいない。またこの辺りは、しばしば天井川である宮川内川《みやごうちがわ》の二年に一度の氾濫《はんらん》に悩まされ、明治になると土地を捨て北海道開拓に赴いた者が多い土地柄であった。山本家に渡道の記録はないが、同郷の知人に渡道した者があって、後年ラクの観音霊場創設の際に少なからぬ影響を与えた。

山本家はこの土地で先祖代々三五〇年余り続いた農家の家筋で、私が昭和五十八年にラクの墓参をかねて円行寺を訪ねると、このあいだ山本ラクさんの先祖の三百五十回忌を済ませたばかりだと、住職の阿弥常隆《あみじょうりゅう》（80）さんが言っておられた。山本家はラクを最後に断絶するが、生前ラクは先祖の永代供養をこの寺に依頼している。

ラクが二歳のとき、二つ年上の姉ウタノが亡くなり、五歳の七月には妹キヌ（3）を亡くしている。同年九月母セツが妹を追うようにして亡くなった。以後、父伊三治とラクの、二人だけの暮らしが始まることになる。

宮川内川よりラクの故郷七条を見る

二十四歳のラクは、村の素封家《そほうか》の息子松島喜三郎を婿《むこ》養子に迎えた。明治二年ラクは二十五歳で長女ユキヱをもうけるが、頭がいいのに偏屈な夫喜三郎は、いっこうに働こうとせず、ついに明治七年勝気なラクは喜三郎と離婚する。

そのあと、父とともに農業に励むが、明治九年五月父伊三治が七十三歳で死亡すると、同年十一月三百五十年続いた山本家の田畑を売却し、それを元手に徳島市西新町新屋敷に旅館を購入した。ラク三十二歳の秋であった。

このあたりに山本ラクの決断の早さと、機をみるに敏なる性をかい間みることができる。ラクの男まさりの気性と生来の聡明さは、旅館業一〇年にして新屋敷から後内町《あとうちまち》両国橋筋へ、そしてより繁華な中心地西新町一丁目へと移り旅館経営を成功に導いた。このときラク四十二歳、宿屋のおかみとして円熟さを増し、おもしろいほど商売が繁盛した。このころ、客のなかに政治家や豪商がいて、のちの霊場創設に資金援助を仰ぐことになる。

ところが、明治二十五年ラクのひとり娘ユキヱが二十四歳で死亡する。ラクの悲しみを山本家の『由緒記《ゆいしょき》』(円行寺蔵)はつぎのように伝えている。

「明治二十五年春三月頃ヨリ長女ユキヱ肺患ヲ煩《わずら》ヒ遂ニ同年十一月二十七日死亡悲嘆限リナシ寺町還国寺前庭先井泉半間東方ニ葬ムル　石碑ヲ築キ法名妙西大姉ト号ス」

たった一人の身内であったユキヱに先立たれ、四十八歳のラクはただただ「悲嘆限リナシ」の一語につきるのみであった。

ユキヱの七回忌の前年、明治三十年ラクは、生前のユキヱに与えてあった室町初期の画僧明兆《みんちょう》（兆殿司《ちょうでんす》とも称す）の仏画「草座釈迦《そうざしゃか》」を檀那寺の円行寺に寄進した。釈迦が片膝《ひざ》を立てて黙想する赤を基調とした大幅《ふく》で、大正五年の大阪大博覧会に出展したほどの逸品《いっぴん》である。当時の円行寺住職阿弥大円《あみだいえん》はラクの浄行《じょうぎょう》に応えて、山本家の先祖二十霊に院居士、院大姉を許可し、さらに永代経に記書し末永く回向することを約した。

さらにこの年、ラクは七条村元原にあった先祖の墓をひとつにまとめ、いわゆる寄墓《よせばか》にした。正面中央に「南無阿弥陀仏先祖代々」と刻み、右に父母、左に自分の逆修《ぎゃくしゅう》戒名「信楽院釈妙耀大姉」に続けてユキヱの戒名「光照院釈妙西大姉」と彫《ほ》らせた。残る三面に十六体の先祖が刻まれた山本家の寄墓は、その後円行寺境内の墓所に移され、現在丁重にまつられている。（この山本家の墓については地盤のせいで多少傾いていたので、北海道三十三観音霊場会で補修を申し出たところ円行寺さんのご快諾を受けたうえ、従来の墓所から山本家の墓だけを寺門に近くの参りやすいところに移設していただいた。霊場会では墓石の左に碑を建てて正面に「北海道三十三観音開創功労者・山本善真尼一族之墓」とし裏に「平成元年七月一日霊場創立七十七周年記念並ビニ善真尼追善法要ヲ旭川市金峰寺ニテ開筵スルニ当リ尼ノ浄行ヲ賛ェ当墓ヲ改修ス・北海道三十三観音霊場会」と記し、墓参に訪れ

る人びとがお参りしやすいよう移設された）

　ユキヱの十三回忌を終えるとラクは、六十一歳で大阪市南区三津寺町大福院の花桝峻崕《はなますしゅんがい》を戒師として得度、その年、明治三十八年七月二十五日付で総本山高野山金剛峯寺より度牒《どちょう》（僧尼の許可）を受けている。このころ旅館業を営んでいたかどうかわからないが、決断の早さを身上とするラクの性格からして、十三回忌を境いに、さっぱりと旅館を手放していたのかもしれない。

改修された山本家の墓（円行寺）

　後の山本ラクに世俗との縁を切らせる決定的な事柄がおきた。明治四十二年、養子の伊平が二十六歳で死亡するのである。伊平が、いつラクの養子に迎え入れられたかはわからないが、娘ユキヱの死後山本家が自分を最後に断絶するのを危ぶんで、大串《おおぐし》家の息子伊平を山本家に入籍したものである。養子伊平の死をもって、ラクはこの世のはかなさを、つくづく思い知ったであろう。しかし気丈なラクは養子の死を機会に、信仰に自分の老後をかける気迫を残していたものと思われる。ラク六十五歳であった。

山本ラクがどんな目的で北海道に観音霊場をつくろうとしたか明らかでないが、動機はわかるような気がする。最後は後事を託そうとした養子にまで先立たれる境涯にあって、ラクは郷関をあとにして北辺の白魔におびえる人びとの不安や嘆きをよく理解できたのではないか。ことにラクのふる里近くは、宮川内川や、吉野川の氾濫で生活が苦しく、二、三男が北海道に多く移住した事実があるから、おそらく手紙などで北海道の窮状が寄せられていたであろう。北国の生活の厳しさといっしょに、広い大地を拓《ひら》く喜びも伝えられていたにちがいない。

そんな広大な土地に、開拓者の心の支えになる霊場をつくりたい。私の想像だが、おそらくラクは三十三観音ではなく、八十八箇所霊場をつくりたかったのではないかと思う。四国の札所近くで育ったラクにとって、霊場といえばお大師さんの札所と考えるのが自然だし、彼女の人間的なスケールからして八十八箇所を考えるのがふつうであろう。ではなぜ三十三観音になったのか、理由は簡単である。そのころ、北海道に真言宗の寺院と説教所が、合わせて四十ほどしかなかったからである。

まず資金の調達だが、むろん繁盛の旅館は手放した。それでは不足であったとみえ、寄付を集めている。その記録の一部が円行寺に残っている。

「一金参百五十円也　衆議院議員松島肇」

「一金弐百五十円也　衆議院議員中野寅吉」

　ラクはどんな才腕があって、政治家に近づくことができたのか。円行寺の現住職阿弥常隆さんによると、

「とにかくラクさんは頭の良い人だった。松島肇は徳島選出の衆議院議員で鳴門教覚寺の三男、この円行寺とは親戚筋にあたることを知って、山本ラクさんが寄付をもらいにいった」

　寺院もなく、教団というバックもない尼僧だが、自分の財産を投げうっての浄行もさることながら、ラクのきっぷに明治の政治家の心は動いたのであろう。とりわけ旅館のおかみ時代の政財界に及ぶ人脈が、おおいに役立ったと思われる。

　さて、受け入れ側の北海道はどうか。ようや

円行寺全景

く開拓にめどがつき、将来の展望をつかみかけたころ、それとても比較的条件のそろった漁村と米作可能な地域に限られていた。山本ラクの霊場設立の願望は、霊場皆無に等しい当時の北海道にあって願ってもないことであったが、金銭的な援助となるとまるで能力がなかった。金はみごとになかったが、ラクの郷里の板野郡出身者たちが、ラクへの協力を惜しまなかったのである。そのことは三十三観音像を安置する各台座の内側に、つぎのように記されていることから理解できる。

顧問
石狩国雨龍郡一已村字一已
勲八等功七級　多田磯太郎
石狩国上川郡東御料地南一　坂東喜平
〃　九号南一　島田貞平
〃　九号十四　島田勝次
〃　十一号南十七　七条直三郎
〃　七号五　村上光五郎
〃　北十二号北六　安原武五郎
以上七名
大正二年一月謹彫刻

観音台座内に記された文字

名古屋市中区鍜屋町三
京仏師亀井鉄太郎
八代目義門作

顧問筆頭の多田磯太郎は、明治二十八年屯田兵として二十二歳当時、板野郡から一已《いっちゃん》村に入植した。彼は明治二十八、九年に編制された雨竜屯田大隊千名のうちの一員で、彼もまた「明治の武士」たる気概に燃えていたひとりであったろう。明治三十七、八年日露戦役で北韓に戦った軍功により、勲八等功七級を受章した。当時の屯田兵規則が麻種子、大麦、小麦、大豆、小豆、馬鈴薯などの耕作しか認めなかったのに対して、磯太郎は「入って三年目に新十津川へ行軍したら、りっぱな稲ができているのに驚き、帰ってさっそく中隊長に水田をつくることを願った」（深川市史）。その結果「りっぱな稲ができた」が、大隊長は軍律違反として中隊長を謹慎処分にするも、それから毎年米をつくるようになった、と屯田時代を語るほど、進取の気性に富んでいた。

また磯太郎の長男敏明氏（78）は父君についてて述べられ、さらにラクのことにも触れられた。「父は度胸が良く、男気に富んでいた。どこへいっても、人生に花を咲かせるタイプの人であった。山本ラクさんは私の祖父母と、郷里の板野郡時代から懇意であったらしく、小学生のころ家へよく訪ねてきていた。子供のころとて、どんな用件できていたかわからぬが、頭髪が短かかったことを覚えている」

磯太郎は昭和三十九年、九十一歳で没した。

霊場開創大正二年、ラクの年齢は六十九歳、磯太郎は四十歳の働き盛りである。磯太郎は屯田兵制解散後も一已村に留まり、農業に従事していた。ラクは知人である多田家の長男磯太郎の気性が、これからの「大事業」にふさわしい器量と見抜いたのであろう。彼を霊場開創の筆頭顧問にすえたのである。

またそのほかの顧問たちは、良質米の穫れる東御料地（現東神楽町）にあってラクの計画を助けた。

あとひとり、記録に名をとどめないが、忘れてはならぬ人に井内歓二がいる。歓二は明治四年、徳島市の西新町に生まれた。家は名字帯刀を許され、阿波を代表する商家大和屋（呉服太物店）として栄えていた。ラクが三番目の宿屋を、この西新町に求めたのが歓二の十五歳のころだから、繁盛する宿屋のおかみと、豪商の長男坊とは当然面識があったと思われる。のちに、旭川市でラクが歓二の世話になるとは、当時思いもよらなかったであろう。

歓二は明治三十年、師団の設置工事にわく旭川に支店を持つべく、弟豊次らと来道した。彼は事業才能を発揮し、新たに味噌、醤油の醸造業をはじめるかたわら、上川倉庫、旭川商事を設立、初代の旭川実業青年会の会長となった。また旭川初の衆議院議員となるが、大正十年四十九歳で他界する。

霊場設立にあたって、歓二がどんな援助をしたかは不明であるが、昔なじみのおかみさんに頼られて「面倒味のいい人」（歓二の二男正敏氏

〈73〉談）の歓二が捨ておくことはなかったろう。後年、ラクが大師教会を設立した旭川市一条通十八丁目左十号の土地家屋とも、歓二の所有するものであった。

ではなぜ、井内歓二ほどの有力者が霊場設立の顧問にならなかったのか。それはおそらく軍都を目指す旭川の実業家たらんとする歓二に、途方もない広さの北海道に観音霊場をつくる山本ラクの心情に共鳴はできても、とても顧問となって協力するだけの時間的余裕はなかったはずだ。それと、井内家が代々西本願寺の門徒で、真言宗で占める霊場計画への遠慮があったのかもしれない。

山本ラクはいつ北海道へきたのか。正確な年月はわかっていないが、養子伊平が明治四十二年九月に亡くなるので、その後であろう。むろん目的は観音霊場の設立である。十三番真言寺の資料「寺院什宝什器台帳」（昭和九年）には如意輪観音寄付者山本ラクの名があり、明治四十四年の入仏となっている。これが事実とすれば明治四十三、四年には霊場設立準備のため来道していたことになる。ラクは大正二年開創をめどに数年を準備期間とし、顧問多田磯太郎の檀那寺深川真言寺や坂東喜平らの檀那寺春宮寺は早くから札所の決定がなされていたようである。来道したラクはたぶん遠戚だったろう坂東喜平方に身を置き、開創に向けて奔走するのである。

これら在俗の外護者《げごしゃ》のほかに、札所寺院の選定や開眼供養、入仏法要等を指導した寺院側の協力者として、岩内郡岩内町第五番本弘寺初代住職肥田盛道と旭川市第十六番金峰寺初代住職大橋秀戒がいた。ともに北海道真言宗寺院の実情に明るく、いかな山本ラクとはいえ札所寺院の配置は、このふたりに頼らざるをえなかった。ラクはこの二師の功労に報ゆるため全観音像の台座に、その尊名を彫らせて後世に残したのである。

当時肥田盛道は北海道開教監督、学頭管理の要職にあり、真言宗連合寺院教所総代として行政の責任者であった。職責上当然霊場設立にも関与し、本弘寺には設立当初の資料がかなり保管されていたと思われるが、昭和二十九年の洞爺丸台風の岩内大火で寺も焼失灰尽に帰したという。ところが最近（昭和六十二年）肥田盛道が当時観音像安置希望寺院を募った文書が、第三十二番亮昌寺でみつかり、現住職の笠谷覚真師がコピーを届けてくれた。

つぎにその全文を掲げる（ただし当用漢字、現代かな使いに改める）。

今回大法篤信者徳島県徳島市大字中通り木屋小路百六番ノ一山本ラク信女（現在石狩国上川郡東御料地第二号坂東喜平方）上《かみ》は明治天皇陛下御菩提のおんため、下《しも》は先祖累代《るいだい》聖霊並びに法界万霊回向、現には今上天皇宝祚《ほうそ》延長、国体鞏固《きょうこ》、万民豊楽《ぶらく》のため、本道十一ヶ国に西国三十三箇所の救世観音大士の聖像を配置奉安し奉り度く、大願を発願し目下聖像の彫刻を名古屋大仏師に交渉し一部着手せしめつつあり。

然し其の配置奉安の箇所については同人自ら往々踏査観測したる所もあるも、女性の老の身なれば完くし得るところにあらず。今夏度たび衲等の柴門を訪れられ配置奉安の箇所選定を懇願し来り。真俗二諦多忙の吾等もこの浄業に感じ敢て辞せず。

茲に年末巡教のついでに見聞踏査したる閲歴に加え地理の便否と霊刹の要関を選考し、なおこれに本願者のなるべく高祖弘法大師御鎮座の霊刹に御安置申したきとの素願を参酌し、奉安箇所の選定を承諾したるなり。思うに貴閣は開創以来歳月未だ深からざるに、すでに三宝供奉の設備成就を告げ、人天の帰依月日に盛んにして瑜伽三密の法水終日浄く、諸尊影護の感応終夜たくまし。

願くは浄閣に救世観音聖像壱躯を御安置奉り、近くは発願者の浄心を満足せしめ、遠くは未来永劫幾多蒼生のために順礼報謝の誠をはげましめ、滅罪生善のはかるを画せんとす。

貴閣幸いにこの浄願を賛じたまわば、別紙承諾書に記名捺印聖像御勧請御申込み下され度く、この段恭礼三宝御答待ち奉り候。

敬具

大正元年十月十日

末尾に願主山本ラク、顧問名、理事の名目で肥田、大橋の名を付している。

なお、別紙「御勧請御申込御留意書」が添付され、おおむねつぎのような内容である。

○観音像は総高二尺八寸、純金箔押しで立像と座像がある。
○観音像の彫刻費ならびに奉納運搬費は最寄り駅まで施主が引き受ける。
○札所の順番および配納は、全札所確定の上巡礼の便宜を本位として考える。
○御詠歌（本西国）の扁額希望寺院は実費が必要。
○御勧請の諾否は、この手紙到着後一ヶ月以内に返事のこと。大願主本年六十七歳（数え六十八歳が正しい）の鶴齢で事業遂行を急いでいる。
○回答日を過ぎての勧請御申込みは、数に限りがあるので謝絶することもある。

大正元年当時の支所下寺院教会所一覧表によ

第26番大日寺の入仏式記念写真（中央が山本ラク）

れば、古義真言宗の寺院は二四寺、一教会、一六説教所であった。これに新義真言宗（智山派や豊山派）を加えて配置が考えられた。

大正二年一部を除いて札所が決まった。

二十六番紋別市大日寺のアルバムには、盛大に入仏式をおこなったことをうかがわせる記念写真がある。寺へ向けて檀家を出発するときの記念撮影で、正面、仏像を入れた大きな輿《こし》の前に、山本ラクが長めの笈摺《おいずる》をはおり、右手に鈴、左手に金剛杖を持って立っている。頭髪は白く短く、言われるとおり小柄なお婆さんである。僧侶が五名ほど、ほかに烏帽子《えぼし》の男、紋付の正装者、前列に稚児が並び、のぼりや旗が十本ほど春のオホーツクの風にはためいている。写真の白い空の部分に「新西国第二十六番本尊入仏式（鈴木氏宅出発十一時）皇紀二五　年五月二十五日」とていねいに説明があるのに、残念なことに年号二文字が欠落のままである。おそらく大正二年と思われる。だとしたら二五七三年となる。

一説に開眼《かいげん》供養はまとめて岩内町本弘寺でおこなわれたとも聞くが、本弘寺は洞爺丸台風による大火のさいに記録を焼失していて、正確なことはわからない（最近開眼供養を証明する写真が本弘寺でみつかった）。

寄進された三十三の観音像は本西国と同種とし、尊体の種類によって大きさはまちまちだが、おおむね本体と台座の総丈一メートル、木像総金箔仕上げである。ほかに、納経帳の朱印は札番と各観世音菩薩の種子《しゅじ》、それに本尊御影《みえい》の版

北海道三十三観音まんだらの版木（五九・〇×二二・五センチ札所名は入っていない）

木も奉納した。

札所配置案内と称すべきか、各観音の御影に札番と所在地、寺院名を記した二尺ほどの札所まんだらと称すべき掛軸が数点発見されている。いくつ発行されたかわからないが、最近の発見例から、一般信者に広く行き渡っていたと考えられる。じつは、この掛軸の原版ともいうべき版木が、円行寺に保存されていて、阿弥師のご好意で譲り受けることができた。原版の版木は、未だ札所寺院がすべて空白である。掛軸作製の段階で、空白はすべてうまったが、注意してみると八番、二十七番、三十一番は寺院が決まらず、「旭川大師教会所」となっている。このことは、大正二年にすべての札所が決定せず、山本ラクがのちに旭川で大師教会支部を開いても未だ、行くあてのない観音像のあったことがわかる（扉の図参照）。

つぎに、山本ラクの大師教会について述べる。

ラクは、大正六年六月十五日高野山に改名届を出し、名を「善真《ぜんしん》」と改めた。北海道に霊場創設を果たした（三カ所は未決定だが）ラクは、いったん帰国し、名を善真と改めて再度の北海道行きをはかる。

大正七年七月九日付で、あの井内歓二の土地、旭川市一条通十八丁目に転籍した。ラクは七十四歳であった。北海道でも、しばれることでは有名な旭川の地に、敢然といどむ女丈夫であった。あしたに夢を抱ける土地で、ラクへの信奉者も少なからずできたであろう。歳を忘れさせるほど、この新開地はラクを安住させるに充分な要素を持っていた。

借家に未だ札所の定まらない観音像を三体安置し、大師教会設立に向けまい進した。大師教会の支部長になるには、「教師試補」という最小限度の僧階が必要で、ラクは大正十年三月十日付でそれを受け、同時に淡紅色衣の着用を認められ、大正十一年高野山大師教会から弘法大師像が付与され、正式名称「高野山大師教会北海道教区山本支部」が誕生した。ラクは原版の

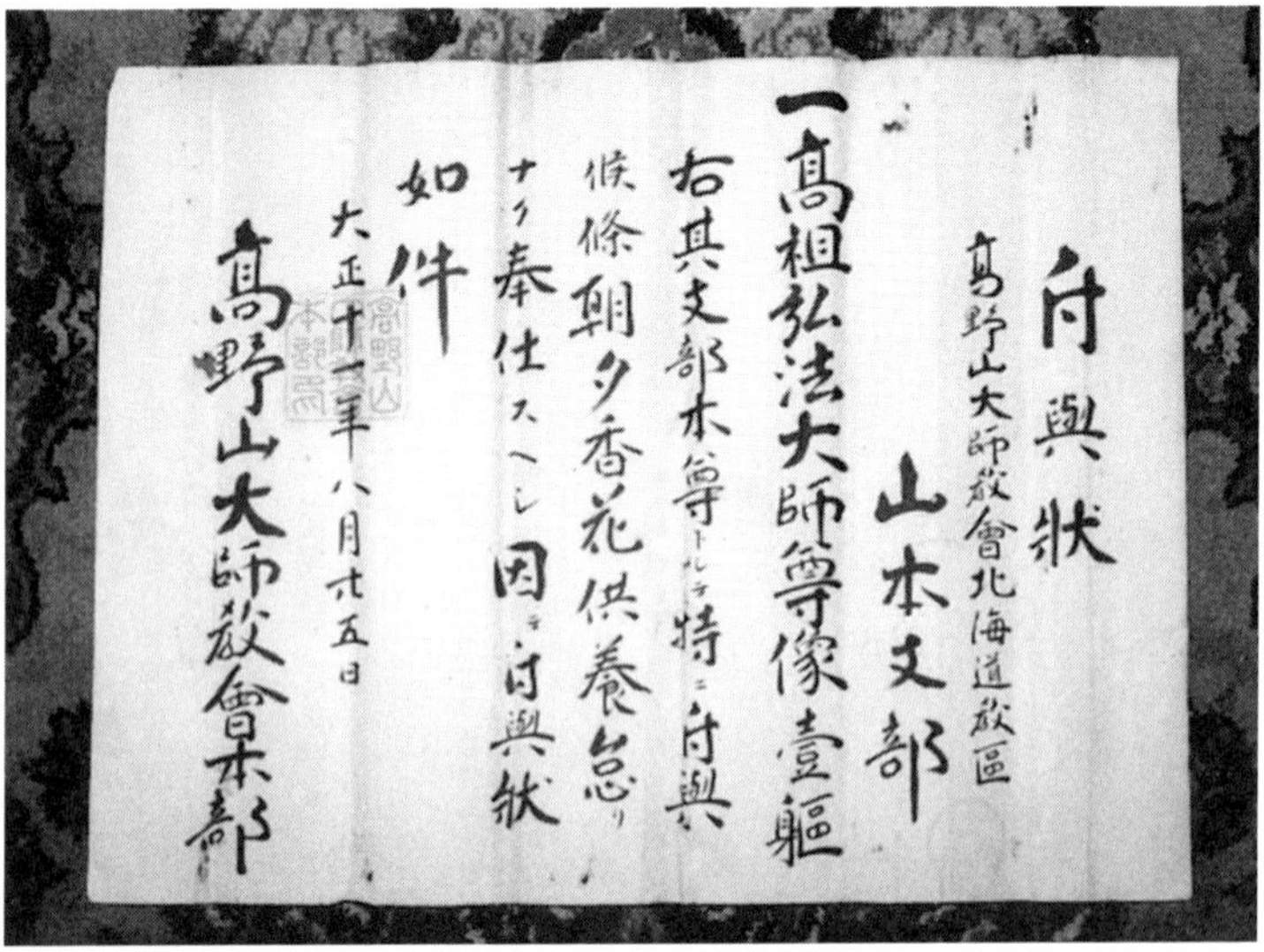

付與狀

高野山大師教會北海道教區

山本支部

一 高祖弘法大師尊像壹軀

右其支部本尊トシテ特ニ付與

候條朝夕香花供養怠リ

ナク奉仕スヘシ 因テ付與狀

如件

大正十三年八月廿五日

高野山大師教會本部

ラクの教会への弘法大師像付与状

版木の右の空欄に「旭川一条通十八丁目大師教会」、左に「北海道十一ケ国三十三番事務所」と、書き足して掛軸を完成させたのである。

　教会設立後、まもなく三体の尊像は、小樽、稚内、三石《みついし》へと安置先が決まった。困難の付きまとった霊場の創設ではあったが、井内の与えてくれた小庵で、老いたラクはしばしの安堵《あんど》にひたったはずだ。霊場のほうは、未だ世間に知られておらず、なにせ食べるのにこと欠く北辺の住民に、巡拝の気運は起こらない。むしろ余裕のできた者は、ふる里への望郷にかられて、四国八十八箇所を遍路する皮肉な現象がみえていた。

　ラクにとって、北海道における最大のスポンサーは井内歓二であったろう。その井内歓二が、大正十年四十九歳で他界した。二男正敏氏は、子供心にラクのことを覚えていてくれて、つぎのように話された。

「父歓二はめんどう見のいい人だったから、ラクさんのお世話をしたのだろう。借家が当時の国道の曲り角一条通十八丁目左十号にあって、ラクさんはそこにいた。父の死後、父の使用人が、ラクさんに向かって、とんでもない奴だと言っていたのを覚えている。どんな理由にせよ、子供心にラクさんが可哀想だと思った」。正敏氏は昭和六十一年夏他界する。

故村田舜澄尼と故田中善雅師が語った「土地、借家の件で、ラクさんと井内さんの間で、係争があった」の言と符合する。

おそらく、ラクは歓二の生存中、土地と家屋を無償で歓二から貸与されていたのではなかろうか。めんどう見のいいはずの歓二が、宗教活動をするラクから地代をとることもあるまい。しかし、歓二が亡くなったいま、会社の土地（？）を「無駄」に遊ばせるのは使用人として黙っている訳にもいかないのは当然であったろう。ラクは、歓二との口約束を諄々と説いたはずだ。しかし、もうそんなことが通じる時代ではなかった。

本格的な係争はラクが亡くなって、ラクの次の主管者寺坂師の代に、井内家が総本山金剛峯寺座主を訴える形となって土地問題は再燃した。昭和五年十二月八日付で、井内家は大師教会旭川支部の建築物の撤去、土地明渡しならびに現在までの地代金を座主宛に請求する訴えを起こした。翌年二月判決の結果、井内家の言い分が通り、金剛峯寺は七百円の支払いを命じられたのである。

この間の事情について、当時の北海道宗務支所長資延典信（十三番札所真言寺住職）と、北海道選出宗会議員笠谷霊海（三十二番札所亮昌寺住職）の間に交わされた往復書簡数通が最近（昭和六十二年）亮昌寺から発見され、概略ではあるがつかむことができた。それによると、「山本ラクは存命中に教会支部建物を、座主名義として登記し本山に書類は保管してあったはず。次期主管者寺坂師着任により寺坂師は本山に対し登記書を再三請求するも送付されず、それが原因でかかる事態を惹起した」として、本山当局の無責任さを批判し、井内家の行為を理不尽な振るまいと断じ、井内家に対し七百円の返納を交渉した気配がある。しかし裁判の判決を覆すにはいたっていない。

ところがこの事件はさらに尾ひれが付いた。高野山の本山側は前支所長笠谷霊海と現支所長資延典信のふたりに対し、これを行政上の管理不行き届きによる事件と判断した結果、百円ずつ負担を命じた。そのことについて資延は笠谷宛の手紙で、山本ラクは支所を通さず本山と直接手続きをしていたので、ふたりには責任がない、としている。だが支所下の教会支部の問題であることにはちがいなく、やはり責任は感じていたようで、後日の手紙にはふたりで百円ほど負担してはどうかと、笠谷に打診をしている。実際に百円を支払ったか否かは不明だが、山本ラクもまさか自分が死んだあとまで、土地問題がこんなにこじれるとは思いも及ばなかったであろう。

いかに信仰厚い山本ラクにしてもこの世に生きる人間である以上、世間の厳しさを避けて通るわけにはゆかなかった。が、かつて旅館業を

ラクの念持仏（昭和六十二年第一番高野寺に請来）**と位牌**

繁盛させた裏にいく度となく人の世の修羅場をみもし、泥水に首までつかった日月をかいくぐった彼女であった。まだまだ埋めつくされない北辺の白い地図に、観音霊場創設をかける気宇広大な彼女にとって土地の問題は小さな世俗の些事にほかならなかったろう。

いったんは、骨を埋める覚悟の地を、ラクは大正十三年に去ることになる。故郷を目指した釈尊と同じ八十歳で、ラクは故郷の徳島県に帰った。

大正十一年に、北海道開教の発展を期して発足した「北海道真言宗同志会」（四五名）にラクも参画し、大正十一、二年と、年会費一円を納入している。会費領収表には「山本善真」と記され、大正十三年からの領収印は空欄となっ

て、名前の上は筆で消されている。十二年まで旭川にいた証左である。

くにに帰ったラクは、頼りとする遠戚を訪ねるが金のない老尼には冷たかった。途方に暮れるラクを温く迎え入れたのは、檀那寺円行寺の住職故阿弥大円師であった。ラクは、円行寺で世話になることになった。

「おラクさんは、酒が好きで頭のいいやり手な人だった。まる顔できれいな人でした。酒のかわりに味醂《みりん》をよく飲みたがったので、私がときどき買いにいきました」。思い出を語る大円師の息子さん現住職常隆師は、そのころ二十二、三歳だったから、ラクのことをいちばんよく知っている生存者ということになる。

ラクは、先祖の寄墓のわきに石柱を建て、自分の業績をこの地にとどめた。石碑は高さ四尺強、幅四寸角の柱で、正面に「北海道々《ママ》行如意輪観世音菩薩」右面に「勧請高野山大師教会支部長山本善真尼」とだけ記され、建立年月日は不明である。

大正十五年一月十七日旧十二月四日、阿波のおんな山本ラクは、壮大な霊場を北海道にのこして、ここ円行寺の一室で八十二歳の生涯を静かに閉じた。

逆修戒名の妙耀《みょうよう》が善真と改められ「信楽院釈善真大姉」と記された位牌が、現在も円行寺の内陣にまつられている。

北辺の大地に白装束の巡礼が行き交う風景がいまよみがえって、山本善真尼ラクは美しくほほえみ給うているにちがいない。

●札所の沿革と巡拝の手びき●

第一番

北南山高野寺《ほくなんざんこうやじ》（高野山真言宗）

〒040-0045函館市住吉町一一番一三号
☎〇一三八—二六—四三三七

本尊　大日如来

霊場御尊体　座像聖如意輪観世音菩薩

〔御真言〕オン・ハンドメイ・シンダマニ・ジンバラウン

〔御詠歌〕函館《はこだて》の花《はな》のみ寺《てら》は十善《じゅうぜん》の　波《なみ》の
響《ひび》きに闇《やみ》ぞ明《あ》けゆく

明治十七年開創当初より「北海道の中本寺にして寺格一等なり」と称されるほどの名刹で、古義真言宗北門開教の拠点として、北へ向う布教師たちの駐在所であった。

開山は新義真言宗智山派総本山智積院より、本道布教のため派遣されていた新潟県出身の佐伯本弘師で、当地に留錫中高野山管長の獅子岳快猛大僧正が高野山根本大塔再建勧進のため御巡錫された。その折、総本山金剛峯寺直末の新寺建立の基金として、金一封を下付され、明治十七年六月十九日寺号公称の認可を受けた。

現住職（丸山泰観師）が第十二世であるから、百年余りの間に住職の入れ変りの多い寺であっ

函館大火後昭和12年建立の本堂

た。その間の事情を先代住職丸山哲応師は「食べてゆけない大変な時代があったのです」と振り返られた。北海道の寺院に共通する苦難の時代は、経済的に豊かな背景を持つはずの函館であってさえも、例外ではなかったのである。しかし、経済的な理由だけですべての住職が出奔したわけではない。明治三十六年神山に高野寺説教所（現第二番神山教会）を開いた第四世小山智道は、同三十七年日露戦役に出征、同年十月彼の地で戦死している。また第六世柳井津戒如は仏画をよくし、釈迦涅槃像（九×一二尺）の大幅や、不動尊像をのこすほどの才能を示したが檀務は滞りがち、画業に専念するため京都へ向い、ついに帰山することはなかった。戒如の在職期間が大正元年から同四年までなので、

本尊大日如来(重要文化財)

この間に三十三観音霊場もできたことになり、霊場創設者山本ラクの訪れもあったことであろう。

本尊金剛界大日如来（御身丈五尺三寸）は、藤原時代盛期の仏師定朝の様式をよく伝えており、国指定の重要文化財である。明治二十四年本堂落成の折、高野山谷上大日堂に安置されていたのを、総本山金剛峯寺より下付された。文化財の少ない北海道にあっては貴重な存在といえる。大正三年と昭和九年の函館大火のさいに、台座と光背を焼失するが、御本体は必死の救出により難を免れている。ことに昭和九年の火災では、石蔵造りの大師堂奥殿に本尊を避難させ、扉の透き間に味噌玉をぶっつけ塗り、蔵を密閉して火を防いだそうだ。

この耐火構造石蔵様式の大師堂奥殿は、寺院建築として全国的にめずらしく、昔から大火の多い土地柄が生んだ知恵とみるべきだろう。ちなみに現本堂は昭和十二年建立で、建築基準法にもとづく市の防火条例で義務づけられた鉄筋コンクリート造りの不燃建築となっている。

現在の第一番霊場御尊体は、山本ラクが生前念持仏として朝夕礼拝していた如意輪観音である。霊場創設当初山本ラクによって寄進された尊像は、おしくも昭和九年の火災で焼失、新しく造顕を計画していたところ、第一番の如意輪観音と同型式のラクの念持仏が、山本家の檀那寺円行寺（徳島県板野郡上板町瀬部）に祭られていることがわかった。高野寺の尊像請来の懇請と円行寺の好意により、昭和六十二年十月入仏の願いがかなったものである。

年中行事は、初大師、節分、春秋両彼岸、大師誕生会、孟蘭盆、観音大祭、春と秋の神山教会の祭りなどがある。「準別格本山」の寺格を有す。山号「北南山」は北海道の高野山（南山）という意味。近くに谷地頭《やちがしら》温泉あり。

第二番の神山教会は留守が多いので納経帳の宝印は、ここで押してくれる。高野山真言宗の北門開教の拠点であっただけに貴重な開教資料が保管されている。ちなみに平成十五年は開基百二十周年にあたる。

第二番

明光山神山教会《めいこうざんかみやまきょうかい》（高野山真言宗）

〒040-0833 函館市陣川町八六―一一六
☎〇一三八―五二―二四五三

本尊　弘法大師

霊場御尊体　十一面観世音菩薩

〔御真言〕オン・マカキャロニキャ・ソワカ

〔御詠歌〕神山《かみやま》は高野《こうや》の峰《みね》の影映《かげうつ》し　仏《ほとけ》の
誓《ちか》い永遠《とわ》にかわらじ

第一番の札所高野寺から北東を望むと、函館の市街地の向うに丘陵が連なっている。それがあたかも高野山に似ていることから、大師信仰の弘宣の地として明治三十六年、高野寺第四世住職小山智道が、高野寺神山説教所を設立し、現神山教会の基礎をつくった。

『高野寺沿革史』によると、「神山説教所は小山智道僧正時代の創立なり。函館市より距る事二里半程の山腹に在り、眺望甚だ絶佳、四囲閑静なり。堂宇に大師を安置せり、大師の霊験あらたかにして参詣者たえず」とあるように、人びとから「山の寺」と呼ばれて親しまれた。

明治三十六年の設立と同時に、信徒の寄進により三十三観音の石仏が配置され、第五世住職

神山教会本堂

柳井津嶺明の代には、四国霊場の砂を運んで八十八カ所の霊場（石仏）がつくられ、近くの笹流《ささながれ》温泉とともに発展した。この参詣路は徒歩で一日コースで、戦前は春秋を通じて参拝者が絶えず、御詠歌の鈴の音が響いていたが、近ごろは自家用車や団体バスが主流となった。

神山説教所はのちに現在の神山教会（大師教会）となって発展をみる。名称は教会だが寺院としての認可を受けている。現神山教会は、昭和二十七年に移転新築されたもので、創設当初の位置から約三キロ手前に寄っている。本堂の造りは北海道の開教当初の姿をしのばせていたが、老朽化がすすみ昭和六十三年に現本堂が建立された。

教会の玉垣には「雲照律師」の書が刻まれて

いる。四恩十善の教えを説いた律師の筆らしく「孝順至道法孝名為戒」と読める。函館に留錫の折、高野寺の篤信のひとに授けたものを、最近その息子さんによって彫られたものである。

雲照律師は事教にすぐれ、明治の廃仏のさいには仏教の復興につとめ、各地に講席を開いて婦女の教化にもつとめられた。明治四十二年、八十三歳で遷化する前年、東北、北海道、樺太を八〇日間にわたって巡錫、とくに函館の留錫はながく、高野寺では三日間にわたって菩薩戒を授けるなど市民への布教を熱心におこなっている。

北海道三十三観音霊場に関する資料の少ないなかで『神山三〇〇年誌』は、亀山村誌に書かれた神山説教所の項を引用して次のごとく記している。

本尊弘法大師像

「山本らくという七十余歳の老媼は、本道に三十三箇所の札所を設け、観音像三十三体をつくり（丈、三尺三寸）、経費三千余円……。各定めた寺院に奉置することとせり、即ち、函館高野寺を基点として、神山説教所は二番なり。大正二年五月二十二日盛んなる入仏式を行う」

これによって想像でしかなかった各札所の入仏式が、大正二年にほぼ執行されたことが確定されたといってよい。このとき山本ラクは未だ六十九歳のはずで、七十余歳の老媼にはなっていない。

本尊弘法大師像は、高野山明星院（明治二十五年廃院）奉安の尊像を請来したものである。

春の山開き、秋の山納めには函館をはじめ、近郷からバスを連ねての参拝が多く、ご利益の大きさをしのばせる。

通常は留守番がいないので、納経宝印は第一番の高野寺でいただくことになる。

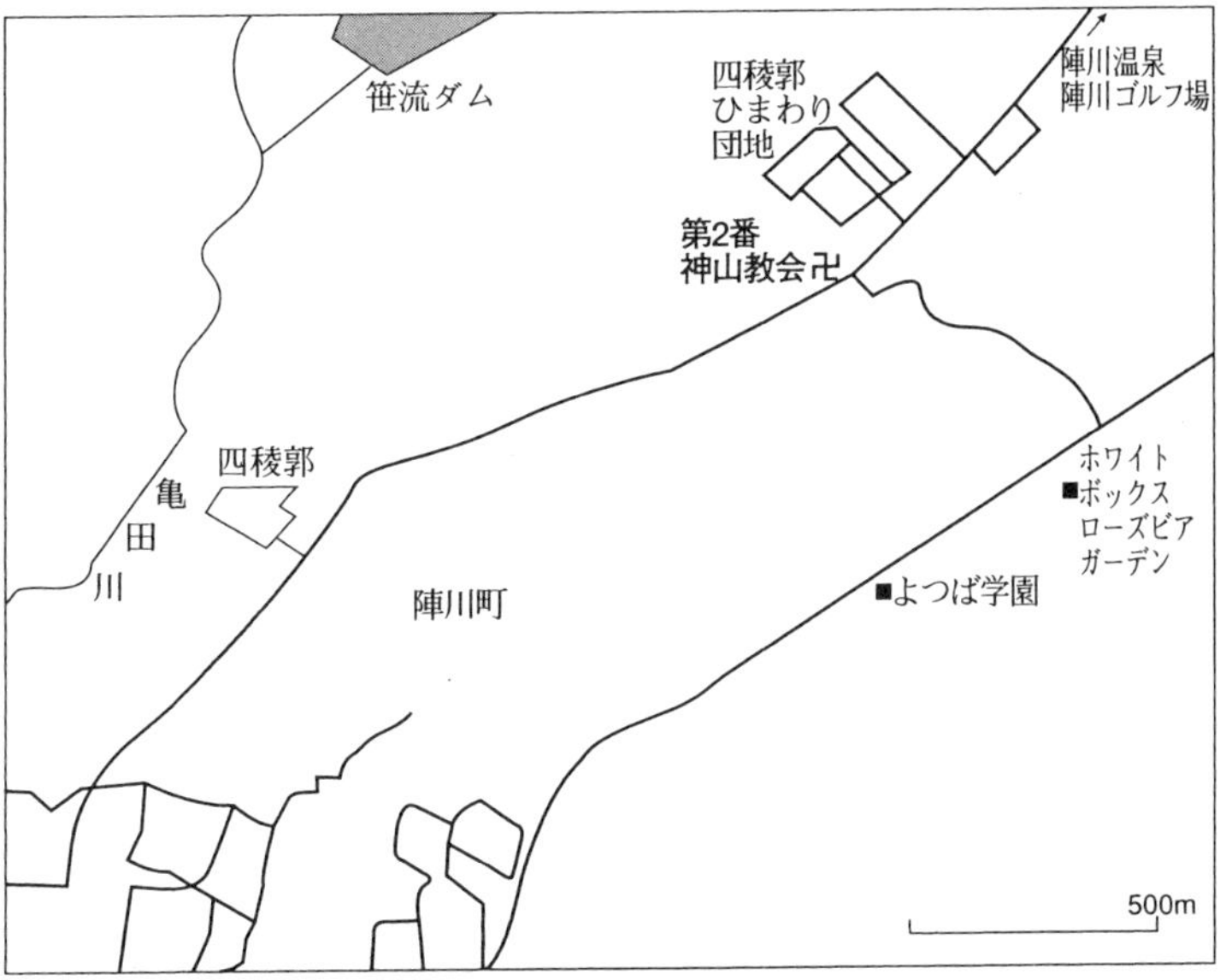

第三番
密乗山《みつじょうざん》菩提院《ぼだいいん》・奥之院《おくのいん》（真言宗智山派）

〒048-0401 寿都郡寿都町字新栄町二三六
☎〇一三六六—二—二六三二

本尊　不動明王
霊場御尊体　千手千眼観世音菩薩
〔御真言〕オン・バザラ・タラマ・キリク
〔御詠歌〕山深《やまふか》く千手観音奥之院《せんじゅかんのんおくのいん》　五濁悪《ごじょくあく》
世《せ》の人《ひと》ぞ導《みちび》く

第三番菩提院の観音さまはお寺から南へ約二五キロ行った黒松内《くろまつない》町の「観音山奥之院」に祭られている。奥之院は菩提院で管理し、ふだんは人がいないので、お参りするときは菩提院へ問いあわせるとよい。なお、納経帳の宝印はどちらにも用意されている。

真言宗の北海道開教は他宗旨にくらべかなり遅れ、明治二十年になっても真言宗寺院はほとんどなく、布教に大きな支障をきたしていた。真言宗智山派では北門の教線拡張をはかるため、開教使として智山派別格本山京都の上品蓮台寺副住職中山桂学に渡道を要請した。当時桂学はひたむきな信仰と向学心に燃える知性豊かな青年僧であった。

明治二十四年春、桂学は不動明王と弘法大師像をたずさえ、京都をたち北の大地をめざした。布教の地を求め道内各地を巡錫し、松前、江差、

菩提院観音山奥之院

岩内とともに、ニシン漁で殷賑《いんしん》を極めていた寿都に立ち寄り、海岸線の美しさと周辺の山河の風光に魅せられ、ここを布教の根拠地に決めたという。むろん不動尊信仰は、内陸地帯よりもニシンの千石場所にこそふさわしかったことも一因であったろう。明治二十五年檀信徒の尽力により、念願の密乗山菩提院が創建された。開基住職となった桂学は徳望あまねき僧で布教活動はもとより、町内外の社会教育に専念、多くの子弟を養成した。

大正二年山本ラクによって北海道三十三観音霊場の御尊体第三番千手観音が、菩提院へ奉納されて数年後、檀信徒有志によって寿都隣村の樽岸《たるきし》村山麓一帯に約四十町歩余りの山林原野が確保され、西国三十三箇所と四国八十八箇所の

霊場創設の気運が高まった。檀信徒の多大の浄財喜捨と奉仕活動により、四国で造顕された石仏が海路運ばれ、大正十一年秋深く霊場参道に配置され、山本ラクの寄進した千手観音を本尊とする「樽岸山奥之院」が創設された。

大正十四年中山桂学が六十四歳で遷化し、松本学雄が菩提院第二世住職を拝命、同時に樽岸山奥之院及び黒松内真言寺住職も引きついだ。奥之院霊場は創設以来執行される〝山開き〟に数千人の善男善女が訪れ、御詠歌大会、演芸大会がもよおされ、青少年の陸上競技、花火、盆踊り、相撲大会も加わり、門前市をなす盛況ぶりであった。ここもやはり太平洋戦争を契機に参拝者が減少し、奥之院は雪害により倒壊、霊場は衰退の道をたどり、本尊千手観音はふたたび菩提院に安置された。

松本学雄は昭和二十五年に遷化され、松本憲彰が師父の跡を継いで第三世住職に就任した。

奥之院入口

昭和二十八年黒松内真言寺の檀信徒は菩提院所有の黒松内町旭町地区の原野約十町歩を開き、昭和二十八年現奥之院本堂を建立し、菩提院から千手観音を迎え樽岸山からは三十三体の観音像を勧請し、現在の観音山奥之院霊場が誕生した。昭和五十五年本堂を大改築、のちに水子地蔵堂、不動明王、弘法大師像が寄進奉納され、熱心な檀信徒によって霊場が支えられている。

山本ラクによって奉納された第三番の千手観音は、菩提院―樽岸霊場―菩提院―現黒松内観音霊場と遷座移転されたが、人びとに親しまれ、慈悲を垂れたもうたのである。

「千手観音像が奉納されてから、はや七十年余りの歳月が過ぎ、その間多くの困難に遭遇されましたが、このごろの観音像のお顔を拝するたびに、どこかしら安堵されたやさしいみ仏の微笑になっているのが印象的です」

松本憲彰住職のこの言葉が心に残った。

拝めばほとけさまのお顔が、だんだん良くなるというのは本当なのだ。

奥之院に近い黒松内中学の生徒たちであろうか、走る巡拝者のバスをみて、男の子二、三人が合掌して頭を下げた。いまだかつて北海道にありえなかったそのような信仰の風土が、いままさに芽生えつつあるようで心地良かった。

開基住職中山桂学がはじめてこの地を訪れ、湾をみおろして愛でた寿都の風光はいまも変わりなく、ニシンはこなくなったけど、湾の対岸には、江差追分で名高い歌棄《うたすつ》、磯谷《いそや》の浜辺が静かに横たわる。

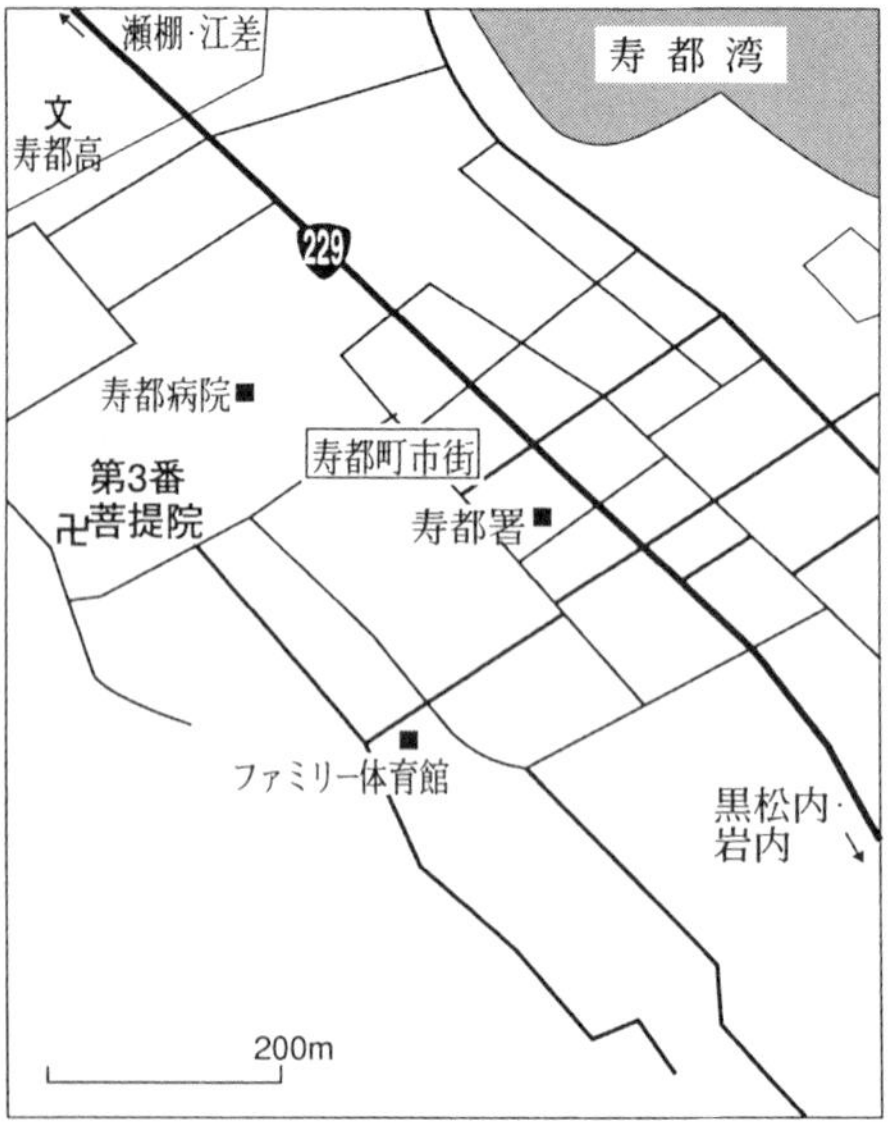
瀬棚·江差
寿都湾
文
寿都高
229
寿都病院
寿都町市街
第3番
菩提院
寿都署
ファミリー体育館
黒松内·
岩内
200m

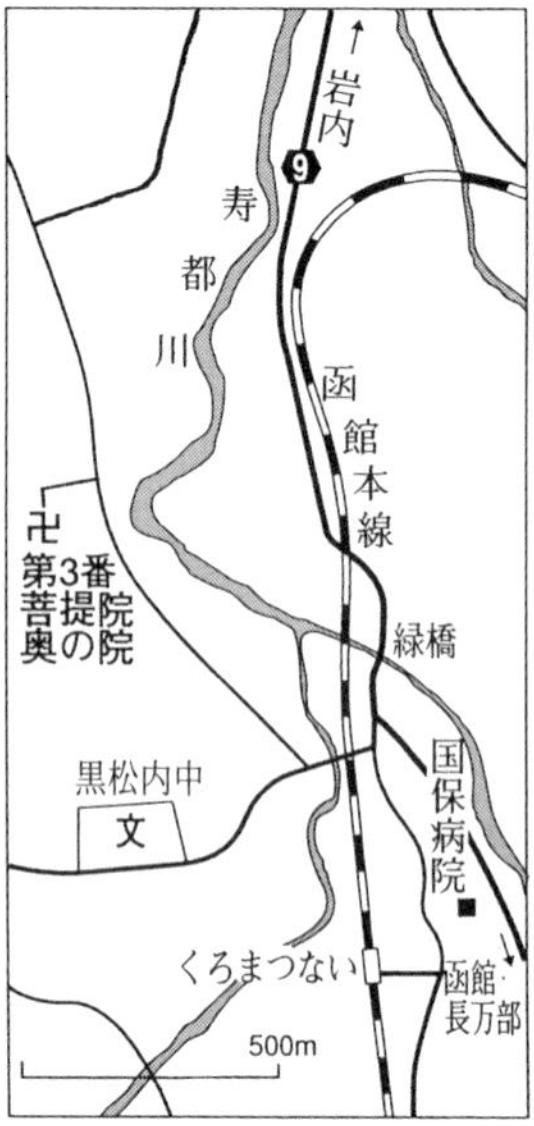
岩内
9
寿都川
函館本線
第3番
菩提院
奥の院
緑橋
黒松内中
文
国保病院
くろまつない
函館·
長万部
500m

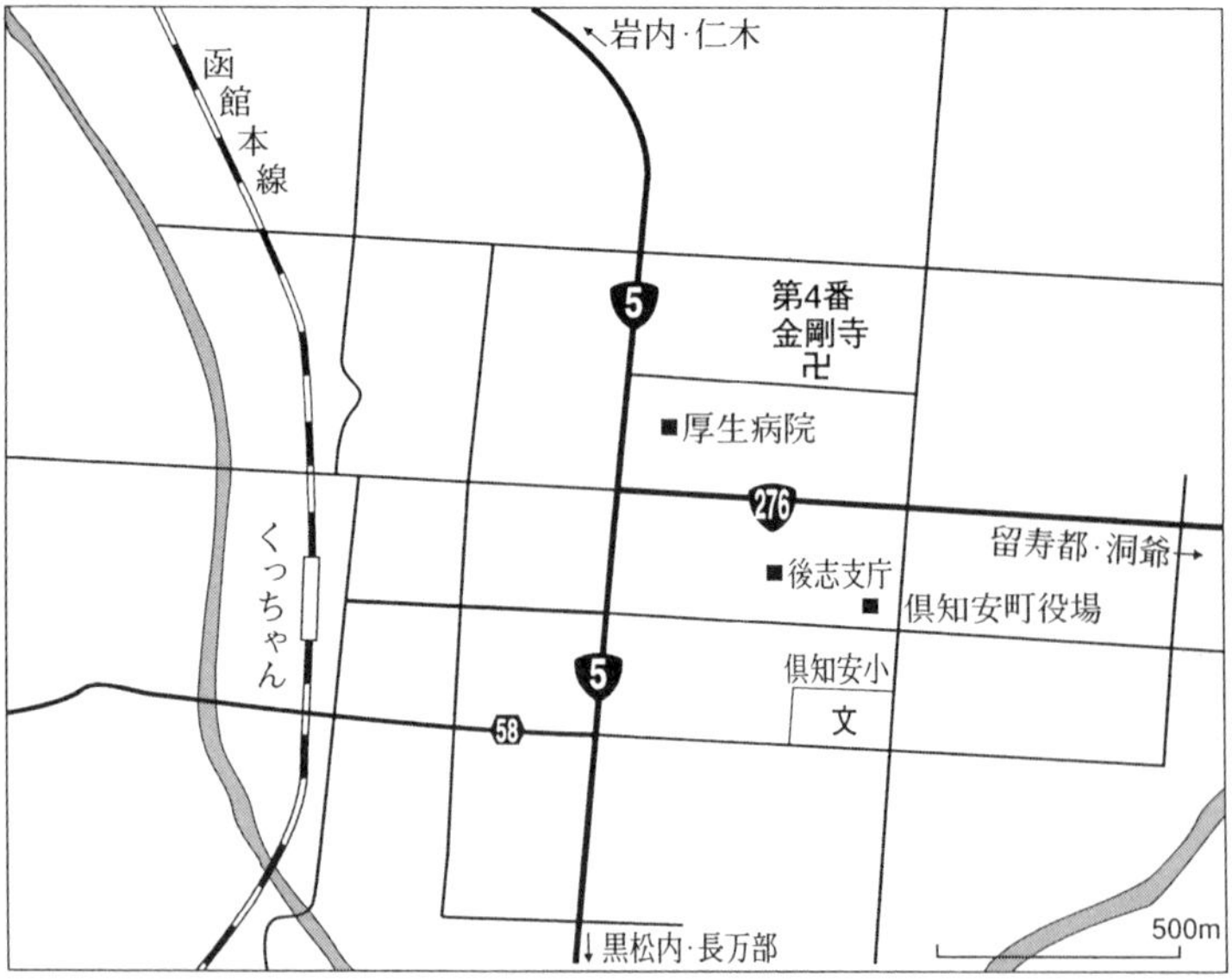
岩内·仁木
函館本線
5
第4番
金剛寺
厚生病院
276
留寿都·洞爺
くっちゃん
後志支庁
倶知安町役場
5
倶知安小
文
58
黒松内·長万部
500m

第四番
覚王山金剛寺《かくおうざんこんごうじ》（高野山真言宗）

〒044-0006 虻田郡倶知安町北六条東三丁目三番地
☎〇一三六－二二－〇三三〇

本尊　大日如来
霊場御尊体　千手千眼観世音菩薩
〔御真言〕オン・バザラ・タラマ・キリク
〔御詠歌〕はるばると法《のり》のみ光《ひかり》たずぬれば
紫雲《しうん》たなびくえぞ富士《ふじ》の郷《さと》

倶知安は北海道でも有名な豪雪地帯である。冬の西風は日本海から雪雲をもたらし、それはニセコ山系にぶつかり大雪となって吹き降りてくる。いや、むしろ雪は〝降る〟のではなく、まさに天から〝落ちる〟という表現がふさわしいほどで、明治の開拓期には〝内地〟からやってきて笹小屋ではじめて冬を越す移住民たちは、文字どおり驚天動地の思いで空を見上げたことだろう。いまではその雪がニセコ山系を北海道一の規模を誇るスキー場にし、交通障害の元凶だった街中の雪も流雪溝の設置で解消されつつある。

倶知安原野の開拓は色々な説があるが、町史では明治二十五年五月徳島県出身の阿部半平他

金剛寺本堂

一三名の入地をもって開拓のはじまりとしている。そのころの北海道開拓使（道庁の前身）は移民促進と劣悪な生活環境の改善のため、学校の開設、道路の開さく、橋梁の架設など地方開発事業の推進をはかるとともに、開拓者の精神涵養を重要視し、神社仏閣の勧請建立につとめた。倶知安開拓から六年後の明治三十一年には、村の中心をなしていた六号市街地の北、北一線西三十五番地に真言宗の布教所が建てられたのである。それは明治三十一年からの「過去帳」が金剛寺に現存することで証明されるが、明治三十五年春石井理源が着任するまでのくわしい由緒については不明である。ただし昭和十九年、軍に金剛寺から献納した喚鐘に「蓮沼清道代」と刻まれてあったことから、蓮沼清道の名は浮びあがったものの、石井理源の前は彼ひとりだったのか、ほかにも何人か交代して管理していたのかどうかはわからない。

明治三十五年石井理源が本山命で着任したときは、すでに無住の状態であった。布教所に定住する僧がいないので、檀信徒が本山に布教師の派遣を要請し理源がやってきたわけで、すでにそのときには前任者はいなかった。よって石井理源を寺では開基住職としている。

石井理源は明治二年、石井石見守繁右衛門清隆の二男として、広島県松永市神村町に生れた。尾道市向島神宮寺に入寺、同市西国寺にて得度した。尾道市恩誠館にて仏教以外の典籍を学び、のちに高野山に遊学。明治二十四年三月渡道、札幌市の成田山新栄寺にて同二十九年迄留錫し布教に従事した。その後札幌を去り明治三十五年倶知安へくるまでは、山越郡長万部字紋別において開教に従事している。

明治三十五年、倶知安に迎えられた理源は、布教所に隣接する未開地千坪の無償貸付の許可を得、翌三十六年同地を付与されたので、「倶知安説教所」の許可を得ることができた。明治四十年九月には努力が実って寺号公称の許可を受ける。

寺号公称時における建物を、金剛寺の記録にみると、本堂は間口四間、奥行三間半、建坪拾四坪。庫裡が三一坪五合で費用総計七八七円四二銭八厘だった。本尊大日如来は本山から下付された。

大正二年、まだ経済的余裕のない開拓途上にある檀信徒たちだったが、信仰の念に篤い彼らは物心両面から石井理源を支え、本堂内陣一七坪三勺の増築と、客殿一八坪三勺を新築し、高野山管長泉智等大僧正の御親教を仰いだのである。寺号公称間もない新寺が管長を迎えるには、檀信徒はかなりの経済的負担を強いられたであろう。しかしそれにもまして開墾の汗くさい土地に、管長さまがきてくれる、この一点を無上の喜びと感じた人たちも多かったはずだ。七月十二日、十三日夏の暑い日に御親教があり、そのもようを伝える職衆の僧の行列スナップ写真は、作業着の男や頬かむりの人たちが行列を見守っていて、開拓生活のにおいをいまに伝えている。

よく寺門の興隆につくした理源は昭和十四年七十二歳をもって遷化し、法嗣隆憲が第二世住職となった。現寺域は昭和二年に移転したものである。

金剛寺では寺号公称八十周年記念誌『遍照』（昭和六十二年、一〇七頁）を出版、細かな記録も丹念に収録し貴重である。

年中行事に初大師、節分会星祭、春秋彼岸会、正御影供、御誕生会、施餓鬼会、観音講、報恩会、納大師などがある。

町の南東部に羊蹄山（一八九三メートル）がそびえ、斉明四年（六五八）阿倍比羅夫《あべのひらぶ》の蝦夷《えぞ》地遠征で知られ、日本書紀には後方羊蹄《しりべし》山《やま》と記載されている。えぞ富士とも呼ばれるがアイヌ語ではマッカリヌプリという。

第五番

遍照山本弘寺《へんじょうざんほんこうじ》（高野山真言宗）

〒045-0002岩内郡岩内町東山一一番地の三

☎〇一三五―六二―〇四三五

本尊　大日如来

霊場御尊体　千手観世音菩薩

〔御真言〕オン・バザラ・タラマ・キリク

〔御詠歌〕朝霜《あさもや》の鐘《かね》の響《ひび》きも悲《かな》しけれ

　遍《あまね》く照《て》らす曼荼《まんだ》の山《やま》に

本弘寺は町の東部の高台にあって、境内からは岩内港を足下に望むことができる。岩内築港の歴史は古く、嘉永三年（一八五〇）徳川幕府が近海を測量したときにはじまる。

観音霊場創設に際して本弘寺の開基住職肥田盛道は当時真言宗連合寺院教所総代の任にあり、山本ラクの霊場開創発願の理事となり本尊配置（札所決定）の指導師として功績があった。三十三体の開眼供養は本弘寺にて執行されたといわれ、昭和二十九年の岩内町大火で資料を焼失したと思われていたが近年写真が発見され供養の事実が証明された。

岩内町大火は昭和二十九年台風十五号（洞爺丸台風）による強風下、町の約八割が被災し、

本弘寺本堂

豪壮な入母屋造りとして知られた本弘寺の本堂も焼失した。しかしさいわいにも本尊大日如来をはじめ諸仏は必死の救出で難をのがれ、観音霊場本尊も光背と台座は失ったが御本体は炎の下を逃れ出ることができた。

開基肥田盛道は彦根藩士松本常人の二男で明治元年生まれ。明治九年伊勢国御嶽山真福院へ入寺、肥田昇憧老師に就いて得度、加行《けぎょう》をはじめ修行にはげんだ。二十歳で高野山に学び大学林を卒業、大学中学に教べんをとり、のちに金剛峰寺座主原心猛猊下に仕えた。その折り(明治三十年四月)突然猊下より北門開教の重責を特任され、たまたま岩内町の本間勘次郎、山木直吉らから新寺建立を依頼されていた高野山普賢院住職重松寛勝の代理をもつとめ、この地に留錫するのである。

同年十二月には本堂を落成、寺号公称も認可されるというはやさであった。盛道は檀信徒の教化はもとより三十四歳の若さで真言宗連合宗会議員となり、翌年には支所学頭、北海道開教師、本派寺院取締のかたわら本山の役職をもになった。

明治三十七年現在地に本弘寺を移転。同四十一年雲照律師の北門御巡錫では三日間逗留され、霊位堂は律師の精舎としてわずか十二日間で完成した建築物であった。

盛道は明治四十三年左手前膊より切断の手術を受けている。四十二年にかかった凍傷が悪化、脱疽症となったためで、相当の苦痛を経ながらも学頭管理の事務をおこない、多忙のなかで霊場設立に協力、とりわけ広い北海道の札所配置には不自由な体で苦慮したものと思われる。

前述の焼失した本堂は盛道が明治四十五年本

本弘寺での開眼供養　左から山本家の過去帳を捧げ持つ山本ラク、肥田盛道、仏師亀井義門

弘寺鎮守堂として建築を発願、大正二年泉山管長御巡錫の折地鎮祭を親修するも、その後建築は思うにまかせず波乱曲折のすえ、宿願成就したのは大正九年であった。同年十一月二十八日、北門開教に半生をささげた肥田盛道は五十三歳、をもって遷化する。昭和七年盛道の十三回忌にあたり、道内真言宗寺院は師の功績をたたえ肖像を造立し本弘寺に安置した。

境内の「大師堂」の屋上には金色の大観音像が立ち、堂内では四国霊場の「八十八ヶ所お砂踏み」がいつでも修行できるようになっている。

有島武郎の小説『生れ出る悩み』の木本少年のモデルは岩内在住の木田金次郎で、海洋描写に生彩を放つ画家として大成した。

名勝「雷電海岸」に近い。

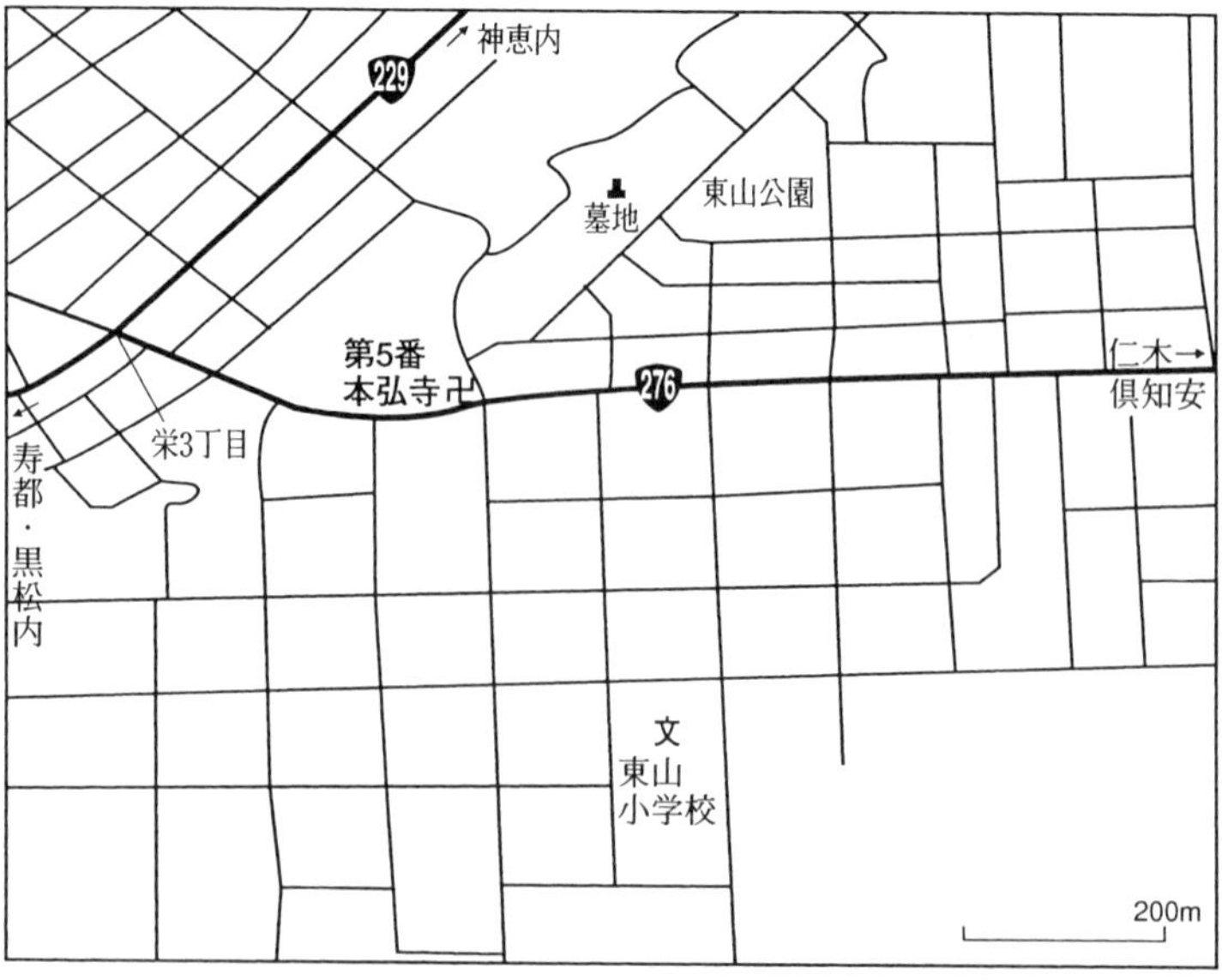

第六番

北明山仁玄寺《ほくみょうざんにんげんじ》（高野山真言宗）

〒048-2406 余市郡仁木町西町七丁目一番地
☎〇一三五―三二―二〇五九

本尊　大日如来
霊場御尊体　千手千眼観世音菩薩
〔御真言〕オン・バザラ・タラマ・キリク
〔御詠歌〕頂白《ちょうはく》の峰《みね》を背負《せお》いて北明《ほくみょう》の　庭《にわ》
の欅《けやき》に紫《むらさき》の雲《くも》

仁玄寺の門を入るとすぐ右手にケヤキの大木がある。内地のケヤキとくらべればけっして大樹とはいえないが、明治時代仁木《にき》町に入った徳島県出身の入植者が故郷をしのんで各所に植えたもので、いまは仁玄寺と仁木神社に一本ずつ残るだけである。ケヤキの自生しない北海道ではケヤキの〝大木〟はやはりめずらしい。

仁木町という名は、町開拓の祖仁木竹吉の姓からとった。仁木竹吉は徳島県川島町の生まれで北海道開拓を志し、事前に開墾適地を綿密に調査の上帰郷し、明治十二年、一一七戸三六八人とともに移住地をめざした。移民船「住の江丸」の航海途中にコレラが発生し小樽港で下船の許可がなかなかおりないなど、はじめからつ

仁玄寺本堂

まずきがあったが、竹吉の企画性と実行力に富んだ人間性に心服した移民たちは、彼の指導をうけよく精励し開墾の成果を上げた。

そんな移民たちが〝故郷の大師信仰〟の種を、二間四方の「お大師堂」建立（明治二十年）という形でまいたのである。大師堂は現仁玄寺の草創を示すもので、場所は現在地より国道を七〇〇メートルほど南寄りにあった。もと僧であった移民のひとり島田週造が、信徒の喜捨をうけてしばらく堂守りをした。その後無住であったり〝旅の坊さん〟と呼ばれる結果的に居つかない短期居住の坊さんが何人か錫をとどめた。

玉置戒存が請われて大師堂に入ったのは、明治三十四、五年ごろと思われる。戒存は徳島県那賀郡出身、四国霊場二十一番太龍寺に出家得度、長じて高野山学林に遊学、のち同郡福井村神宮寺の住職を拝命した。数年後戒存はひとり北海道開教を志し、石狩村字篠路《しのろ》に止錫、開教の拠点づくりをはじめたやさき、仁木の同郷の移民たちから大師堂に招かれたのである。信徒の数もようやく増しはじめ、戒存は大師堂を現在地に移し寺号公称のための準備にかかった。

戒存は学問に長じ、絵、俳諧をたしなみ、剛気てんたんたる性格で、戊辰《ぼしん》の役で箱館に戦った榎本武揚の信望厚く、小樽で数万坪を寄進するから開山しないかと要望された。だが、仁木村の開拓者たちが自分を必要としているからと、ことわっている。

開墾の辛苦を〝とばく〟に憂さを晴らす近村の青年の姿をなげき、戒存は得意の俳句教室で寺に若者を集め、開拓地に文化の灯をともした。師の先駆的指導で俳句の伝統は受けつがれ、のちの仁木俳句会、仁木緋衣吟社へと発展する。

花に行く嬉しさ人に見られけり

戒存晩年の句である。

二世戒住、三世重明とよく法灯を守り、明治三十九年に戒存が建立した本堂も老朽はげしく、昭和五十八年（弘法大師御遠忌記念）重明代に伽藍が一新された。

大師信仰の厚い徳島県出身者の多い土地柄か、〝お大師講〟の伝統が息づいていて、二つの講が現存、他は形を変えて毎月二十一日（お大師さんの日）寺へ詣って大師講の集いをしている。とくに寺が遠隔で詣るのが困難な北海道にあっては、大師講は農閑期の冬期間大師信者の家を毎月二十一日、交代で廻りながら般若心経や御詠歌をとなえ、きびしい冬の娯楽と情報交換の役割をはたす組織であった。しかし交通の発達と個人の生活の確立は急速に大師講組織を消失させた。むろん寺のない地区においても大師講が存在し、その場合は寺院開創へのもっとも基礎的な母体というべき重要な役割をはたすのである。いわば大師講は〝移動する寺〟そのものであった。その場合いずれ大師講は説教所↓大師教会↓寺院へと発展経過をたどるのである。

仁木町は北海道を代表する果物（イチゴ・サクランボ・プラム・ブドウ・リンゴ）の里で、寺付近の国道には、庭先販売をはじめとする産地直売店が数十軒並び、甘ずっぱい芳香をただよわせる。

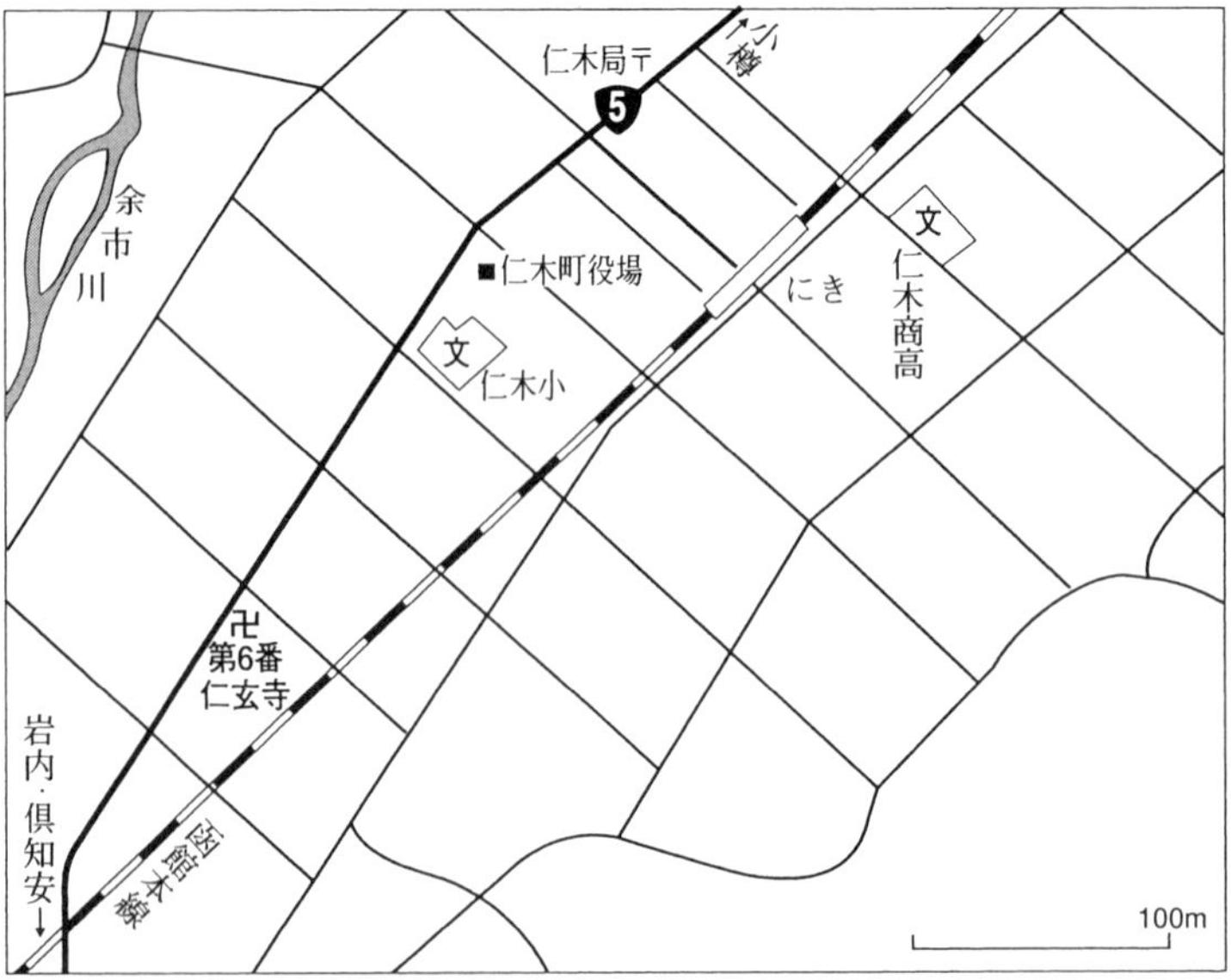

第七番

小樽《おたる》高野山《こうやさん》日光院《にっこういん》（高野山真言宗）

〒047-0033 小樽市富岡二丁目二二番二二号
☎〇一三四―二二―二九八九

本尊　聖観世音菩薩

霊場御尊体　二臂如意輪観世音菩薩

〔御真言〕オン・ハンドメイ・シンダマニ・
　ジンバラ・ウン

〔御詠歌〕おたるない高野《たかの》の峰《みね》の如意宝珠《にょいほうじゅ》
　神秘《しんぴ》の光《ひかり》永遠《とわ》に伝《つた》えん

明治十九年弘法大師の信者たちが、小樽港山田町に「大師堂」を創設し、信徒らの参詣の道場に充てたのをもって創立とする。

明治二十四年、鷹尾了範は大師堂を発展させた形で高野山にあった日光院を竜宮神社隣に名義移転し、現日光院の開基住職となった。高野山の古地図によると、現高野山高校のあたりに学侶の寺として日光院が認められるので、おそらくその寺の名義を了範はもらいうけたと思われる。

鷹尾了範は和歌山県伊都郡九度山村万年山慈氏寺の事務主任であったが、北門開教を志し明治二十一年ごろ北海道に渡った。ニシンの千石

日光院納骨堂と本堂（右手）

場所でわきたつ忍路《おしょろ》、高島を経て小樽祝津《しゅくつ》の浜を巡錫するころ、修験僧としての名声は各地で高まった。祝津に近い赤岩山でいくつかの岩稜をよじるうち、了範は三つの洞窟をもった岩場を発見、そこを修行の場と定めて二一日間の断食行に入った。満願の日、白龍が波を蹴って昇天したので、里人は白龍神社を建て、了範が断食中に刻んだ弘法大師像をそこに安置したと伝えられている。赤岩山の岩場を一本足駄で走り回って北海道一の行場をきずき、それが現在胎内巡りの霊場としても信仰を集めるようになって、昭和二十九年赤岩山の祝津側の中腹に赤岩山開山者としての鷹尾了範像がたてられた。

了範は高野山から日光院を小樽に移転させるなどの業績をのこしながら、ある日忽然と消息を絶ってしまった。歴史の浅い北海道でいくつかの伝説の主人公となった了範は、定山渓温泉を発見した真言僧定山とともに、開拓期の北海道を疾風のごとく駆け抜けた最後の「高野聖《こうやひじり》」であったのかもしれない。

いつ了範が日光院を去ったか不明だが、了範のあといく人かの旅の僧が入れ代り、法灯は守りつづけられた。しかし住職不在の落ちつかない寺運営にあきれた檀信徒は、本山に善処方を訴えたところ、明治三十年本山は増福院の宮本雄賢をつかわした。後日雄賢が明かしたところによると、経営が思わしくないようだったら「日光院」の看板をはずしてただちに高野山へ持ちかえれという厳命を受けての来道だったらしい。もし雄賢に小樽の将来を予測する目と、師自身の刻苦勉励が無かったなら今日の日光院は存在しなかったであろう。

境内には昭和三年につくられた日月講の霊場があり、弘法大師を中心に八十八箇所の石仏が安置されている。弘法大師の左右に立つ一対の石灯篭は、慶安四年（一六五一）と元禄十年（一六九七）の年号が刻まれ、明治末期市内の雑穀商が郷里の富山県から運んできたもので、主人の没後日月講に寄進されたものである。高さ二・三メートルのこの二基の灯篭は、北海道にあっては一番古いと思われる。かつて日月講は日光院の付設信仰団体で宗旨を問わず大師信仰を中心に活躍した集団だった。小樽は不動信仰の盛んな土地柄のせいもあって、日月不動を祭ったり鷹尾了範ゆかりの白龍神を祭るなどした。昭和の二、三年ごろ、北海道の真言宗寺院が競って四国霊場や三十三箇所の石仏を安置したように、日光院も富山県から大師像や八十八箇所の石仏本尊を請来し、港に陸上げされた尊像はお稚児さんや手古舞姿の芸者衆に先導されて街中を練りながら寺門にいたったという。

本堂脇の洋風建築（三階）は日光院納骨堂で檀信徒の遺骨をあずかる施設、ここからは市の繁華街と港を眼下におさめることができる。

年中行事は春秋彼岸、宗祖誕生会、盆施餓鬼、大般若経転読会、龍神講などのほか、毎月信徒の研修のため、読経会、日光会がもよおされる。

小樽は古くから商業都市として栄え、小樽運河沿いの石造倉庫群をはじめ明治大正の洋風建造物が多数のこり、通年観光客でにぎわう。

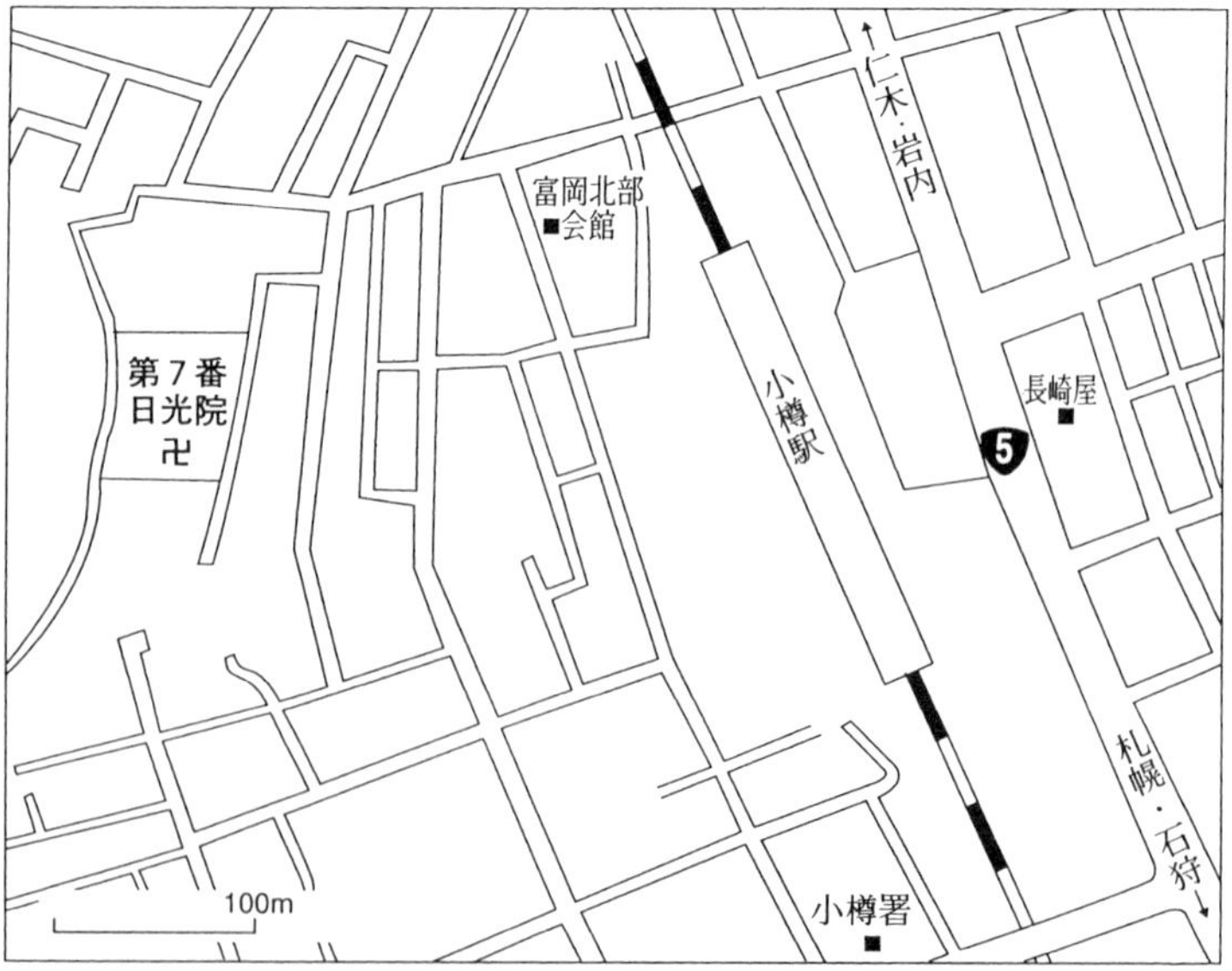

第八番

大網山精周寺《おおあみざんせいしゅうじ》（真言宗豊山派）

〒047-0023 小樽市最上二丁目一五番二三号
☎〇一三四—二二—五八九二

本尊　大日如来

霊場御尊体　聖観世音菩薩

〔御真言〕オン・アロリキャ・ソワカ

〔御詠歌〕人《ひと》の世《よ》の苦難《くなん》の道《みち》に光《ひかり》をば　かかげすくわんとわのみ仏《ほとけ》

この寺を参るには、やはり石の山門の所で車を降りて静かに参道を登るのがよい。本堂にいたる歩いて数分のゆるい坂道は、わずかな距離だが、北海道に数少ない木々の芳香と土のにおいのするお寺参りにふさわしい道である。本堂の前に建てられた大きな五輪塔も、北海道ではめずらしい。

開山大網精周《おおあみせいしゅう》は出羽三山のひとつ湯殿山大日坊（豊山派《ぶざんは》別格本山、即身仏で有名）第八十三世貫主で、北門開教に情熱をかたむけ前後八回にわたって来道、函館、江差、小樽、岩見沢を巡錫した。明治十五年に巡教の折、篤信者宮林丹十郎の一寺建立を願う強い懇望で、小樽港信《のぶ》香裡《かわら》町コンタン町に懸錫所を建設した。精周は精周寺の基礎づくりを成しおえて大日坊に帰山、明治二十一年弟子の中川慈照をこの地につかわした。

中川慈照は明治二十四年、汐見台町に寺域を移し、和尚の大網精周の名にちなんで大網山精周寺とし、寺号公称の認可を受けて第一世住職を拝命した。同じく二十四年、現在地に移転している。

慈照は学徳兼備の名僧知識であったといわれる。本堂下陣に掛かる「大般若経縁録緒言」(明治三十五年六月)は慈照が大般若経を寄進した施主に請われて帳面に書き記したのを表装したものである。達意の文章にみごとな筆の跡が長さ二間の紙幅にあふれんばかりで、慈照の才覚がいかんなく発揮されている。

精周寺本堂

晩年(六十一歳)になって慈照は、日本仏教連合会を代表して大正九年インド・カルカッタ吉祥法寺開堂式に参列し、仏蹟巡拝をもはたし一年八カ月後に帰国した。その間滞在費を捻出するため日本語と英語をインド人に教えたという。苦難のインド遊学をはたした慈照は帰国に際し、インドから『降魔成道の釈尊像』を請来した。

精周寺の寺宝になっている慈照請来の降魔成道釈尊像（二二・三センチ）は黒色緑泥石を使用した高浮き彫り像で、釈尊が魔王（マーラ）を降して成道、つまり悟りを開いて仏になった

降魔成道釈尊像

場面をあらわしている。釈尊の頭上には菩提樹がおおい、釈尊の右に立つ腰をくねらせた愛くるしい脇士は左手に蓮花を持っているからおそらく梵天（ブラフマン）であろう。だとすれば左の脇士は三鈷（不鮮明）を持った帝釈天《たいしゃくてん》（インドラ）である。梵天も帝釈天もバラモン教の神々で釈尊の生涯、その身辺に仕えたとされる。そして釈尊の座る蓮華座を支えるのは二頭の獅子である。

北海道新聞（昭和三十八年八月二十七日付）は、これを九世紀（印パーラ時代）の釈迦像と推考し「ニューヨークのメトロポリタン美術館所蔵の『転法輪仏像』（八世紀の作品）の様式を継承し、衣ずりの刻み方、背後の文様などに造型的な迫力、工芸的な優秀さが認められる傑

作」としている。

大正十一年中川慈照が遷化。同じ精周の弟子水原龍洞が第二世住職を拝命し、慈照の七回忌に建てたのが本堂前の大きな五輪塔である。北海道としてはかなり古い開山の寺で堂宇の廃退がいちじるしく、本堂納骨堂などの増改築、庫裡新築境内整備等は第三世水原龍現によってなされた。

本尊大日如来（胎蔵界）は木彫で総丈約三メートルで慶長年間（約四〇〇年前）の作。元羽黒山の御本尊であり、明治七年大日坊に遷座されていたが、明治二十年精周寺建立にあたり大日坊よりはるばる請来された仏像である。

年中行事に春彼岸、水子地蔵、盂施餓鬼、大日祭などが盛大にもよおされる。

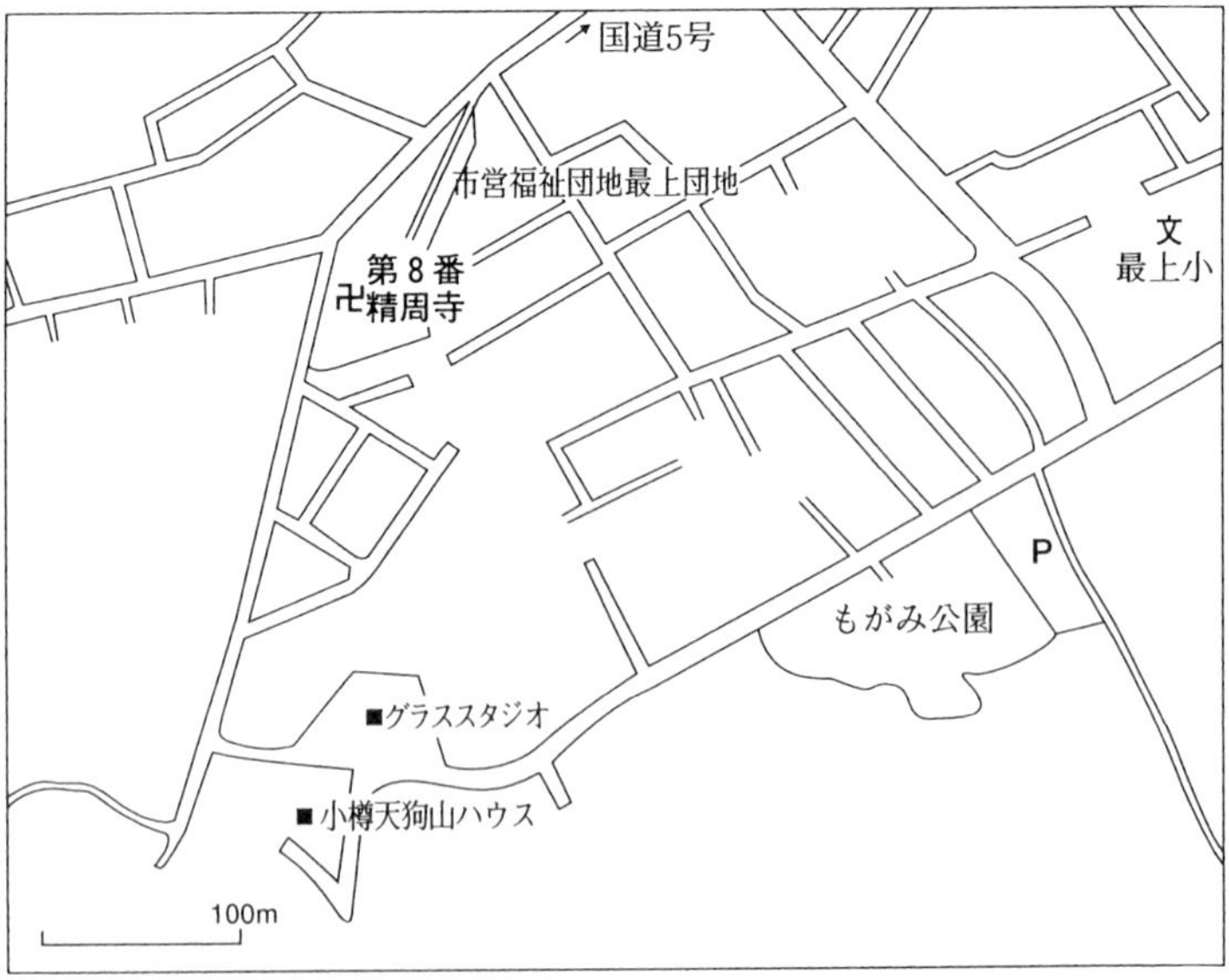

第九番

成田山新栄寺《なりたさんしんえいじ》（真言宗智山派）

〒064-0807 札幌市中央区南七条西三丁目

☎〇一一－五一一－〇九二七

本尊　大聖不動明王

霊場御尊体　不空羂索観世音菩薩

〔御真言〕オン・ハンドマ・ダラ・アボキャ・ジャヤニイ・ソロ・ソロ・ソワカ

〔御詠歌〕ありがたや成田《なりた》の山《やま》に参《まい》るには
護摩《ごま》のけむりにあうぞ嬉《うれ》しき

新栄寺は千葉県成田山新勝寺の札幌別院である。明治十八年北海道在住の成田山信徒一〇〇余名が発起し、児谷玉鳳を主任として現在地に仮堂を建設し、御分霊の御遷座をおこなったのをもって新栄寺の草創とする。

明治十八年ころの北海道の移住者（約三〇万人）は、東北地方をはじめ徳島、兵庫、広島、山口などの諸県からの移住が多いが、むかしから成田山信仰の深い関東地方からも多数の移住者があった。これらのなかの不動尊の篤信者によって、北海道における成田山信仰発展の基礎がつくられたのである。成田山信仰は現実生活に即して奮闘努力の精神を鼓舞するものである

新栄寺本堂

から、移住者が開拓精神を高揚させるのにふさわしい信仰であり、不動尊はもっともふさわしい守護神であった。
ときの成田山新勝寺中興第十四世三池照鳳貫首は、札幌に新寺建立の全権を児谷玉鳳に委任した。
そのときの委任状は次のごとくであった。

委任状

今般児谷玉鳳へ拙者之名義ヲ以左之権限代理為致候

一　北海道札幌ニ於テ新寺建立出願手続の件

右代理委任状如件

明治十九年十月

千葉県下総国埴生郡成田村

真言宗新義派
大僧都　三　池　照　鳳印

明治二十二年七月二十日付で三浦逸之助、阿部隆明、下谷久七、高瀬和三郎他一〇名が発起人となり、貫首の全権委任を受けた広島県御調郡神宮寺亀山到源の弟子少僧都児谷玉鳳を責任者として、一寺創立の願いを北海道庁長官に提出した。同年十二月十七日寺号公称の許可を得て三池照鳳貫首が初代兼務住職となって成田山新栄寺と公称するにいたった。

建立開創にあたりもっとも功労のあった児谷玉鳳は本名を玉次郎といったので、貫首照鳳の一字をもらい玉鳳とした。漢学に造詣深い名僧であった。寺号の「新栄寺」は発起人筆頭の三

霊場本尊をまつる大師堂

浦逸之助が東京深川の木場の出身で、成田山の「新栄講」の講員であった関係から称したものである。

明治二十四年加持堂落成「表口一二間、奥行五間」と記録にある。なおそのときの境内地は約一千坪である。

初代主監児谷玉鳳（明治二十二年〜三十年）の遷化で、二代は虎範雅（明治三十〜三十二年）が拝命。三代神野実雄（明治三十二〜大正九年）のころから信徒が増加し堂宇が狭隘となったため、明治四十三年本堂新築。四代白石照隆は昭和九年大師堂と庫裡を建立した。現本堂は昭和四十八年に再建されたものである。本堂の手前左側の建物が「大師堂」で弘法大師、興教大師を祭り、両大師の前に霊場御本尊「不空羂索観音」がお祭りされている。

境内に立つ愛染明王像

境内には自動車交通安全祈祷所があり、御詠歌大和流の祖、山崎千久の頒徳碑なども立っている。

毎朝九時護摩祈祷が修せられ、毎月二十八日お不動さんの日には午前九時と午後三時に修せられ参詣客でにぎわう。

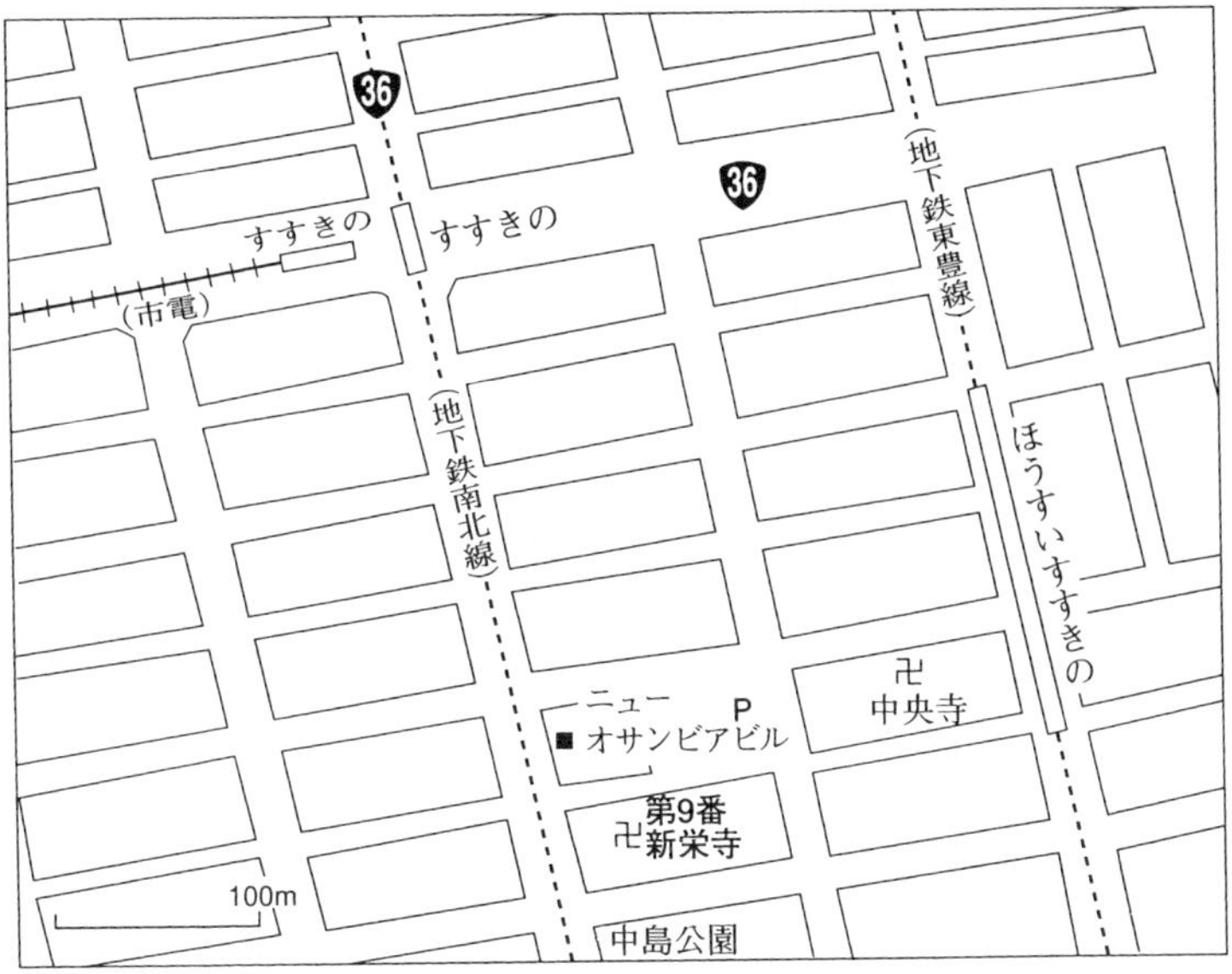
36
36
すすきの
すすきの
(市電)
(地下鉄南北線)
(地下鉄東豊線)
ほうすいすすきの
ニュー
オサンビアビル
P
中央寺
第9番
新栄寺
中島公園
100m

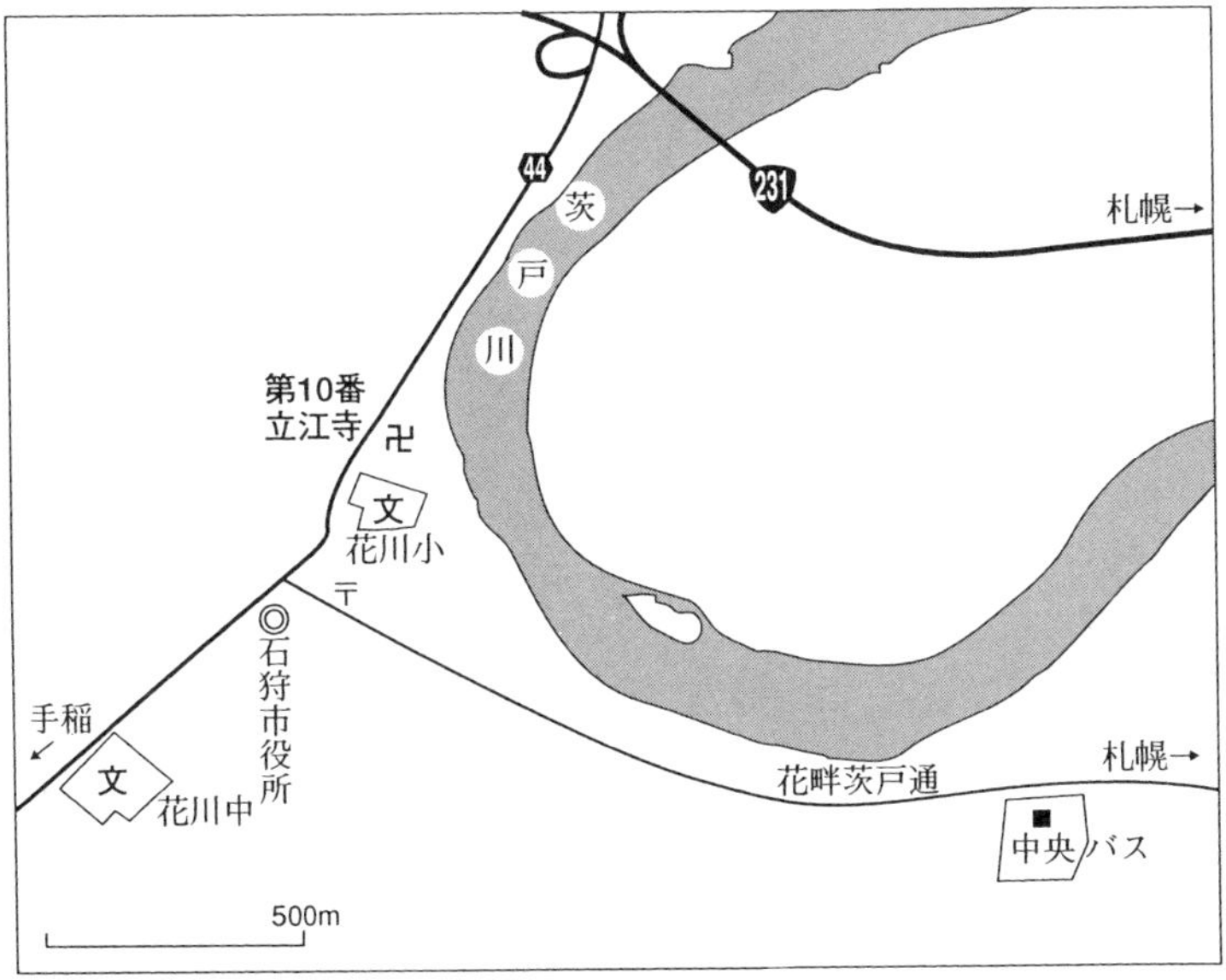
44
231
茨
戸
川
札幌→
第10番
立江寺
文
花川小
〒
石狩市役所
手稲
文
花川中
花畔茨戸通
札幌→
中央バス
500m

第十番
覚王山立江寺《かくおうざんたつえじ》（高野山真言宗）

〒061-3218 石狩市花畔一条一丁目三九番地
☎〇一三三―六四―二〇六九

本尊　地蔵大菩薩

霊場御尊体　二臂千手観世音菩薩

〔御真言〕オン・バザラ・タラマ・キリク

〔御詠歌〕踏《ふ》む砂《すな》の数《かず》に身《み》を分《わ》け観世音《かんぜおん》
苦海《くがい》を渡《わた》す慈悲《じひ》の船人《ふなびと》

立江寺のある花畔《ばんなぐろ》はアイヌ語の「パナングㇽ」が音韻転倒されてバンナグロになった。パナングㇽは「中流域（石狩川）の人」の意味。花畔は石狩川河口に近く中流といえないが、むかし中流域の夕張人がこのあたりにきて綱場を持ったので、この称があったといわれている。花畔は北海道でも超難度の読み方に属する地名であろう。

明治三十二年、富山県出身の村尾恵明が二十三歳で北海道を巡錫中この地にいたり、樽川運河の脇に祭られていた石の地蔵菩薩を本尊とし、小庵を建てたことをもって立江寺の開基とする。

寺号公称に必要とされる境内地や基本財産の確保は明治三十七年からすすめられ、四十一年

立江寺本堂

には古材利用ではあるが本堂も完成している。寺号は檀家に徳島県出身者が多く、ふる里の八十八箇所霊場十九番立江寺をなつかしんで同名とし、本尊も同じ地蔵菩薩とした。

ここに立江寺が寺号公称の許可をもとめて北海道庁長官に提出した「許可願」の写しがある。いずれの寺院も似た内容の書面だが、なかでも立江寺のは格調も高くくわしく記されているので参考まで全文を掲げる。

真言宗寺院創立御願

石狩国石狩郡石狩町字花畔村五百拾番地ノ壱

紀伊国高野山大本山金剛峯寺末

真言宗高野派　石狩山立江寺

宗教ノ人心ヲ感化シ社会ノ平和ヲ保持スル

重且ッ大ナルハ勿論、之ヲ一般ニ普及シ併テ弔祭仏事ヲ執行スル寺院ノ各町村ニ必要ナルハ茲ニ言ヲ俟タサル義ニ有之候。然ルニ本村ニ於テハ寺院ノ設置無之何レモ不便ヲ忍ヒ、遠ク他町村ヨリ僧侶ヲ迎ヘ仏事葬祭相営ミ候情況ニテ甚タ遺憾ノ次第ニ有之候処、今ヤ同宗ノ住民益々増加シ何レモ土着ノ感念ヲ奮起シ、寺院ノ維持上毫モ差支ナキ機運ニ相ヒ達シ候。付テハ協議ノ上、真言宗ノ一寺ヲ創立シ前記之通リ寺号公称致度候条特別ノ御詮議ヲ以テ一寺創立御許可被成下度、三十五年庁令第拾弐号ニ従リ別紙取調書并ニ付属書類及ヒ管長添書相ヒ添ヘ本寺法類連署ヲ以テ奉上願候也。

以下に総代六名を記し予定住職「十三等教師律師村井恵明」と書き添え明治四十一年四月に申請、翌四十二年五月二十五日付で公称の認可がおりた。

この一寺開創の労苦にたいして本山はつぎのような補助をしている。

北海道石狩国石狩町

立江寺

願出ニ依リ開教補助費金百五拾円ヲ下付ス

但シ明治四十二年前半期ヨリ弐年半五回ニ交付スベシ

明治四十二年五月一日

真言宗各宗派連合法務所

本山も北海道開教の実情を理解し、かなりの出費をしたと判断できる資料である。

寺号公称をして五年後に村井恵明は遷化した。その後寺院の維持が困難だったらしく同宗の僧侶は入山せず、遠く滝川の木曽智順が兼務住職となってかろうじて寺の命脈を保った。昭和十六年沼本大量が住職となるまで智山派の山口智海、天台宗の鈴木円鳳らが留守居番をはたすも無住の時代があったらしく、檀家の多くが他宗に変わり、大量が晋山したとき檀家がわずか十五軒だったという。

沼本大量は檀家の少ない分を得意の加持祈祷によっておぎない、よく当るという評判を得て檀家外の信者が増えた。なかでも昭和二十年元旦には「B29が来襲して石狩町に爆弾を落とす」と宣言、このためスパイの嫌疑がかかるのだが現実に爆撃を受け、このため大量の言葉を信じ疎開して助かった人もたくさんいて、大量の霊能をもとめる人がさらに増えた。沼本大量は昭和四十九年に遷化。

明治に古材で建てた本堂は昭和二十一年雪の重みで倒壊、現本堂は昭和三十六年の再建である。昭和五十七年造顕の梵鐘は札所一の大きさをほこる。内陣に祭られる不動尊は源頼朝の菩提をとむらうため、妻政子が念持仏としておがんでいたといわれる仏像。

近くに石狩湾新港をはじめ札幌のベッドタウンとしての花川団地ができ、急速に都市化がすすみ、昔日のおもかげはない。寺の裏手の水郷茨戸川《ばらと》（旧石狩川の河跡湖）はむかしの石狩川の蛇行の姿をとどめている。

第十一番
和光山弘清寺《わこうざんこうせいじ》（真言宗善通寺派）

〒069-1524 夕張郡栗山町角田二一六番地
☎〇一二三七―二―〇五二九

本尊　十一面観世音菩薩

霊場御尊体　准胝《じゅんてい》観世音菩薩

〔御真言〕オン・シャレイ・ソレイ・ソンディ・ソワカ

〔御詠歌〕和《やわ》らかき光《ひかり》あたうる観音《かんのん》の
弘誓《ぐせい》の相《すがた》清《きよ》く尊《とお》し

第十一番の准胝観音はあまり聞き慣れない観音さまだ。準提《じゅんてい》、准泥《じゅんでい》とも音写され仏母准胝の異名があるように諸仏の母で、聡明、夫婦敬愛、延命、治病、求児、降雨などの法験があるとされる。

明治初年、室蘭の開拓にあたった宮城県角田藩の分派が泉麟太郎の指導のもとに、夕張川下流東岸のこの地に移住、郷里の名をとって角田村と称したが、のちに栗山町と改称した。ただし弘清寺のあたりが角田村の中心であったから、角田の地名はここにのこされた。

寺の近くを流れる夕張川のやや上流にそそぐ阿野呂《あのろ》川左岸が登川村に所属していたころ、信

弘清寺本堂と左は新装なった庫裏

心深い国広清吉はそこで開拓の鍬をふるってい
た。国広清吉は山口県の人で北海道へ移住の途中、航海の安全と開拓の成功を祈願しに香川県の金毘羅さんに詣で、ついで弘法大師誕生の霊跡善通寺に参詣した。善通寺は清吉の信仰の深さと高潔な人間性に触れ、一体の御本尊を託し「渡道後開拓地にこれを祭り、七十名の信徒ができた時には必ず善通寺より一名の僧侶を派遣する」ことを約束した。

清吉の努力は五年を経ずして実をむすび、明治二十九年一二〇〇〇坪の現境内地を寄進し、信徒七〇余名の名簿を善通寺に提出すると、まもなく本山は中村厚学をこの地に派遣したのである。翌明治三十年大師教会設立をもって弘清寺の創立とする。

小笹宝雅《こざさほうが》が寺号公称を発願、明治四十年許可を得たので、弘清寺では宝雅を開基住職としている。寺号は弘法大師の「弘」と、当山設立の基礎をつくった篤信者国広清吉の「清」をとって弘清寺とした。小笹宝雅は香川県善通寺町に生まれ佐伯法遵大僧正にしたがって得度、京都随心院において旭雅大和尚の元で加行をした。その後四国霊場七十四番札所甲山寺住職、神奈川県福田寺住職を経たのち、家族を残して単身北海道を布教し角田の地に錫をとどめた。

宝雅は広範囲にわたる檀務をよくつとめ岩見沢、夕張、厚真《あつま》に説教所を設立、地元の町議を三期勤め、晩年は総本山善通寺に御恩報謝のため長くつとめた。

年中行事に涅槃会、正御影供、高祖大師生誕

弘清寺遠景（昭和63年頃）

会、施餓鬼、十夜法要などがある。

所蔵の地獄極楽図、涅槃図などは古い仏画でよく保存されている。

栗山町の基幹産業は農業で、肥えた土地と水利に恵まれ農地の七〇パーセントが水田である。国道二三四号線沿いでは工業団地化もすすんでいる。寺の近くには開拓功労者の角田藩士泉麟太郎らの資料を展示した「泉記念館」が建てられている。

雪の中の大師像

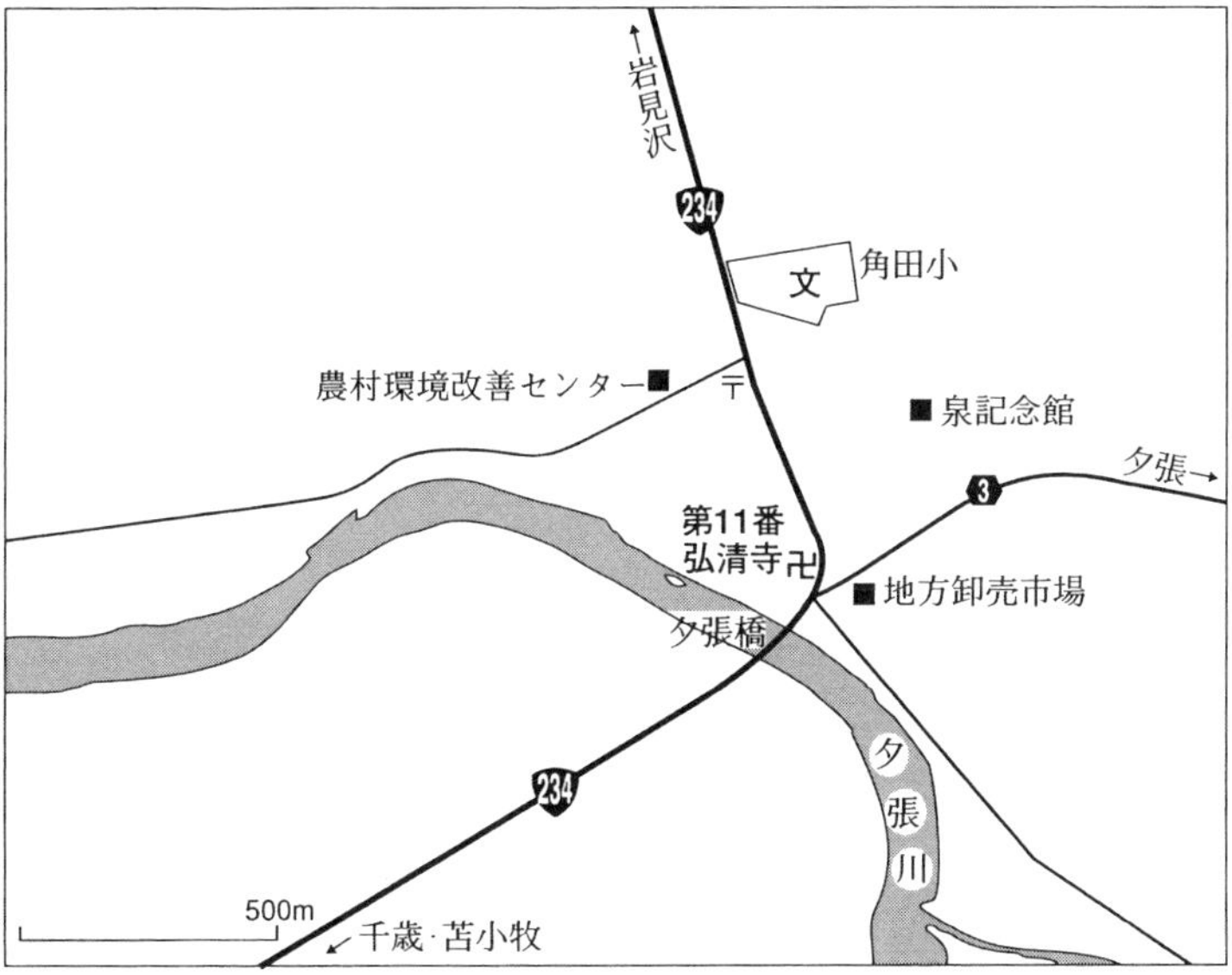

第十二番
空知山遍照寺《そらちざんへんじょうじ》（高野山真言宗）

〒079-0314 空知郡奈井江町南町一区
☎〇一二五―六五―二六四〇

本尊　十一面観世音菩薩
霊場御尊体　千手観世音菩薩
〈御真言〉オン・バザラ・タラマ・キリク
〈御詠歌〉ありがたやあの手《て》この手《て》をさしのべて　衆生《しょじゅう》を救《すく》う南無観世音《なむかんぜおん》

奈井江《ないえ》町は札幌と旭川をむすぶ国道一二号線のちょうど中間に位置し、どちらからも六八キロの地点にある。光珠内《こうしゅない》から空知太《そらちぶと》にいたる直線道路四〇キロ弱の中間地点でもある。

このあたりは明治二十四年から三次にわたって入植した騎兵、工兵、砲兵の通称茶志内《ちゃしない》屯田によって開かれた土地柄である。いくつかの県によって構成された屯田兵だが、なかでも徳島県出身者達は弘法大師信仰が強く同宗の僧侶の到来を待ちのぞむ雰囲気にあった。

それにこたえて明治二十四年徳島県より慈眼寺の住職釈秀弁が来村し説教所をつくるが、永住の気持はなく、さらに二年後浦臼《うらうす》に金剛寺の基礎をつくるも、ただちに自坊に帰っている。

遍照寺本堂

基礎づくりのみを使命としためずらしい例といえよう。慈眼寺は四国霊場第二十番鶴林寺の奥の院で、行場の洞窟と潅頂の滝で有名である。そんな寺の住職がわざわざ未開の北海道へやってくるには、やはりわけがあった。秀弁の師釈雲照律師の強い要請があったといわれる。雲照律師が北海道巡錫のとき茶志内屯田の徳島県出身者たちから一寺建立の適任者の紹介を懇請され、たまたま随行していた釈秀弁に白羽の矢が立ったというわけである。それには釈秀弁が徳島県人だったということも大きな理由であった。

釈秀弁はそのまま当地にとどまり熱心な大師信者で屯田兵のひとり、入谷万作宅に入り説教所設立に向けて奔走する。なんとか信者たちの協力で説教所が完成すると帰国するのだが、石狩川をはさんだ浦臼の人たちの懇請にも応じて、二年後の同二十六年再度来道し説教所をつくった。のちに奈井江は遍照寺、浦臼は金剛寺として寺号公称を許可されるが、川をはさんで南無大師〝遍照金剛〟とセットにしたあたり釈秀弁の機知がうかがえる。両寺とも本尊が十一面観音なのは、秀弁の自坊慈眼寺と同じにしたためといわれる。説教所を大師教会へさらに寺院へと四十年間にわたり、毎年徳島と北海道を往復し寺門の興隆にはげんだという。

開基釈秀弁、二世小野恭真の間、すなわち秀弁が留守の間、何人かの僧が布教と檀務のため滞在したはずだが、いまそれらの人の名を確かめるすべがない。小野恭真のとき現本堂完成、一説には小野住職が宝くじに当りそれを基金に建立されたという。ちなみにこの本堂は岩手県の若き棟梁花輪氏の手になるもので、生涯に百カ寺建立を目標にした名棟梁である。札所寺院でも十三番真言寺、二十二番清隆寺は同棟梁の請負いによるもの。百カ寺達成はともあれ宗旨を問わず、地元の材料を使い不自由ななかで風格のある寺院建築を残している。大正初期は北海道における本堂建築のブームで、いま残るほとんどの本堂はこのころ建てられたもの。

小野恭真が出身地の岡山備中に帰り、原洪道が三世住職を拝命、もっぱら檀務より絵に熱中、仏画や大師の一代記をのこすも、もっと画業に専念できる辺ぴな村を選んで寺を出た。第四世業天実梁は香川県の出身で北海道に来錫以来、旭川、東神楽、御影《みかげ》、本別、古丹別《こたんべつ》と巡錫、本来の僧の身軽さをしのばせる行動力で最後に遍照寺の住職を拝命した。実梁は宗団の役職をにないつつ岩見沢に大師教会をつくるなど活躍するのである。

境内に聖天《しょうてん》堂があり北海道ではめずらしい聖天さん（歓喜天《かんぎてん》）が祭られ、遠方から心願成就とくに商売繁盛を願う信者の参詣がある。当寺本尊十一面観音が陰、聖天さんが陽の関係から本堂と向かい合う方角に聖天堂がある。

境内の「馬魂碑」は太平洋戦争中、軍馬として徴用された当地方の馬の霊を鎮めるため、奈井江出身の衆議院議員で農民運動家の北勝太郎が主唱、現地産の自然石に陸軍大臣板垣征四郎が馬魂碑と揮毫した。〝馬頭観音〟〝獣魂碑〟は北海道でめずらしくないが、開墾の主力だった農耕馬の〝出征〟に対する農民の哀切の気持ちが、馬魂碑にはうかがえる。

遍照寺の本堂は地域の中心的な空間として集会場、ときには町の移動議会の場となるなど、北海道らしい開放された本堂の役割をはたした。

美唄地区では大師講の集いが毎月二十一日もよおされ伝統が息づいているほか、寺の年中行事も盛んで、とくに〝星まつり〟は盛大である。

第十三番

高野山真言寺《こうやさんしんごんじ》（高野山真言宗）

〒074-0007 深川市七条七番一一号
☎〇一六四—二三—二八三三

本尊　大日如来

霊場御尊体　二臂如意輪観世音菩薩

〈御真言〉オン・ハンドメイ・シンダマニ・ジンバラ・ウン

〈御詠歌〉大日《だいにち》の仏《ほとけ》の恵《めぐ》み深川《ふかがわ》や　かげを宿《やど》さぬ淵《ふち》も瀬《せ》もなし

資延《すけのぶ》行晃が北海道行きを決意したのは、明治三十五年四十四歳の春であった。

行晃は香川県三豊郡豊田村の生れ。先祖代々信心な家系で寛文十年（一六七〇）屋敷内に釈迦堂を建立し、家計をやりくりしてごく最近まで坊さんを住まわせたり、六十七番札所大興寺に近いため道往く遍路を泊める善根宿《ぜんごんやど》のお接待も日常的な家であった。釈迦堂は釈迦庵とも称し改築されて現存し釈尊像が祭られている。

末子の多加治は家の菩提寺萩原の地蔵院に出家して名を行晃と改める。空海が中国から請来した書の手本「急就章《きゅうしゅうしょう》」を蔵するなど西讃随一の名刹地蔵院で、行晃は事相と教相の勉学に明

真言寺本堂

け暮れた。修行を終えると行晃は大阪府大日寺、地元の十輪寺で住職をし、北海道行きの話があったのは、おそらく福井県三方郡八村の宝泉院住職をしていたころと思われる。

明治二十八、九年、深川に近い一已村、秩父別村、納内村に屯田兵一千戸が入植、「雨龍屯田兵村」と称した。そのころ寺院といえば浄土真宗大谷派の澄心寺が一カ寺あるのみで、屯田兵たちは自分の宗旨の寺を渇仰してやまなかった。一千戸のうち二百戸は香川県出身者たちで、弘法大師のお膝元の面目にかけて、なんとしてでも真言宗の寺がほしかった。粗末ながら説教所を建てて旅の僧にいてもらっても、貧しさと寒さで雪のくる前に蒸発するのが常だった。何人もいたなかで蒸発した二人の坊さんについて

「二人とも若い坊さんで、ひとりはホラ吹きで大酒飲み、あとひとりは美男で物腰柔らかく説教がとてもうまかった」と言い伝えられているが、名前も何もわからず、明治三十一年に説教所が建てられていたことだけは記録にのこっている。

屯田兵のなかに地蔵院の檀徒が数軒あって、北海道開教を志す意志強固な僧の派遣を地蔵院に要請した。行晃が地蔵院に呼ばれ北海道からの要請状とぶ厚い「檀家連名簿」なる帳面を開くと、姓名の下に実印を押した五四四戸の檀家数が認められた。意を決して明治三十五年行晃は深川の説教所に着任。落ちつくにつれ説教所を護る檀家の数は百を割ることがわかり、「はめられた」と思う反面、五倍以上も檀家数を水増ししてまでも僧を招こうとする檀信徒の心情を、過酷な自然を知るにしたがい理解できるようになった。移住者の望郷の思いは説教所へでかけることで癒されたし、檀家のなかにかつて地蔵院の檀徒であった人びとや、末寺の檀徒もけっこういて、独り身の行晃の面倒をよくみてくれた。

寺号公称に向けて石狩川に近い現在地に八百坪弱の境内地を求め三〇坪の本堂を建立、棟続きに八畳ふた間の庫裡を完成し、基本財産は水田三町五反を準備し、明治四十一年寺号公称が認可された。本堂は明治三十五年行晃着任と同時の建立で、ナラ・トド・タモ・エンジュの現地材が使用され、民屋より屋根が高く急傾斜だった。「本堂らしい」と行晃は思いこもうとしたが、せいぜい地蔵院の納屋ていどで、自分がかつて住職をしたどの本堂よりも粗末だった。しかし、乏しいふところのなかから土地を求め、小堂ながら柾《まさ》ぶき屋根の本堂建立にこぎつけた檀信徒の努力と喜捨の行為は、ろくに米の飯にありつけぬ人たちの信心の賜ものだけに、万感胸にあふれるものがあった。もう故里に帰ることはあるまいと、行晃は思ったにちがいない。

明治四十五年春、行晃は檀家の法事中、脳溢血で倒れ意識不明のまま馬《ば》そりで寺まではこばれる途中、ついに寺の門までいたることなく雪路に大きく揺れる馬そりの上で息を引きとった。五十四歳であった。

大正元年、高野山で修行中の行晃の甥、資延典信が招かれて第二世を拝命し、現本堂、庫裡(昭和元年)を新築した。本堂は岩手の名工花輪棟梁の作で大正七年に完成、観音霊場設立筆頭顧問の多田磯太郎が真言寺の檀家だった関係で、山本ラクは典信の代にたびたび寺に出入りしていたようである。

真言寺には山本ラクが大正十一年旭川に大師教会支部を設立したとき、本部から授与された「弘法大師像付與状」、観音霊場本尊掛軸の「版木」が所蔵されている。

内陣に祭られる如意輪観音像は室町期の作。右余間の総丈二メートル余りの釈迦如来像(真鋳金箔押し)は昭和五十一年、タイ・バンコク、ワット・パクナム僧院から贈られたもの。

主な行事に修正会、涅槃会、正御影供、不動尊大祭、永代経本山布教などがある。

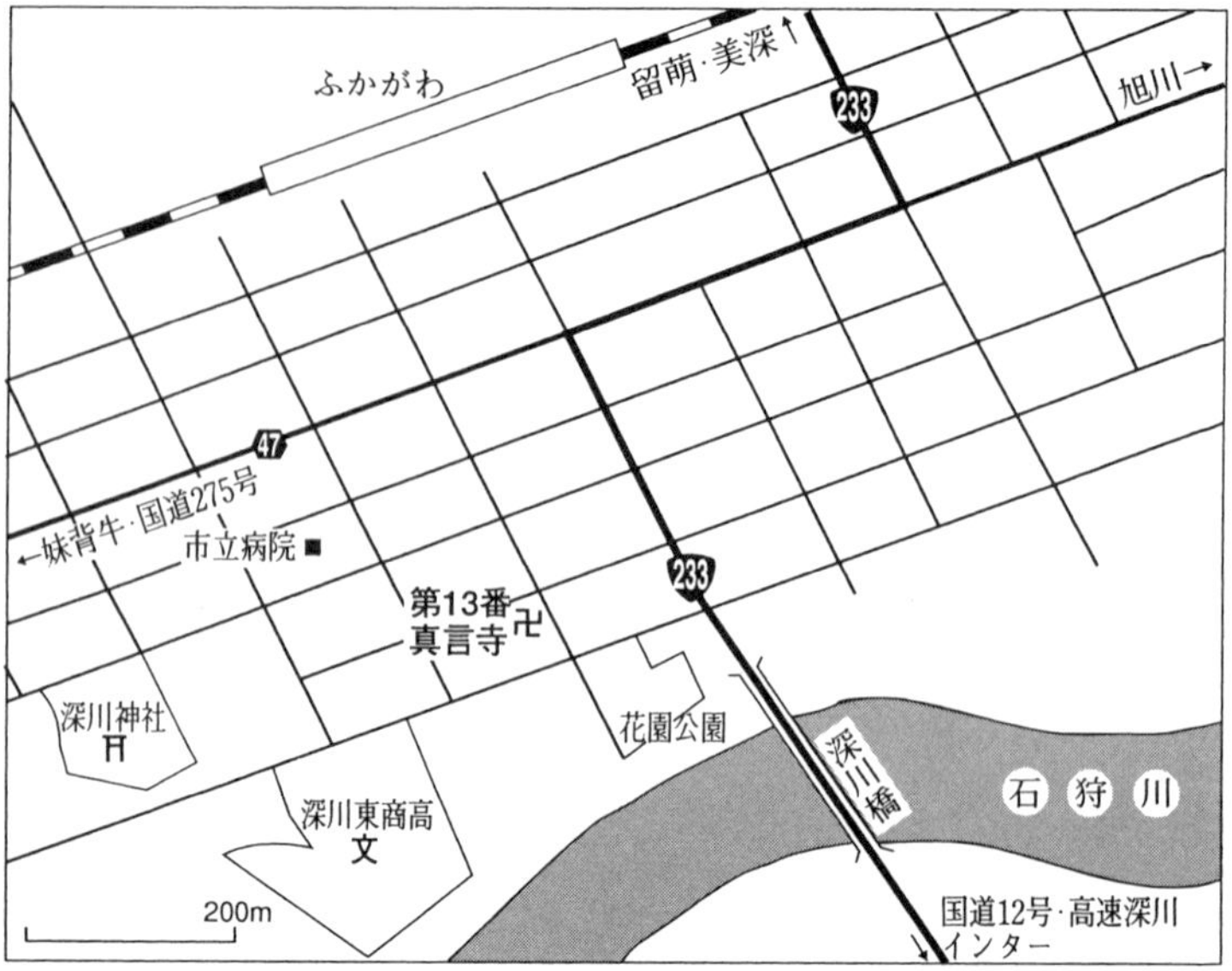
ふかがわ
留萌·美深↑
233
旭川→
47
←妹背牛·国道275号
市立病院
233
第13番
真言寺
深川神社
花園公園
深川橋
石狩川
深川東商高
200m
国道12号·高速深川
インター

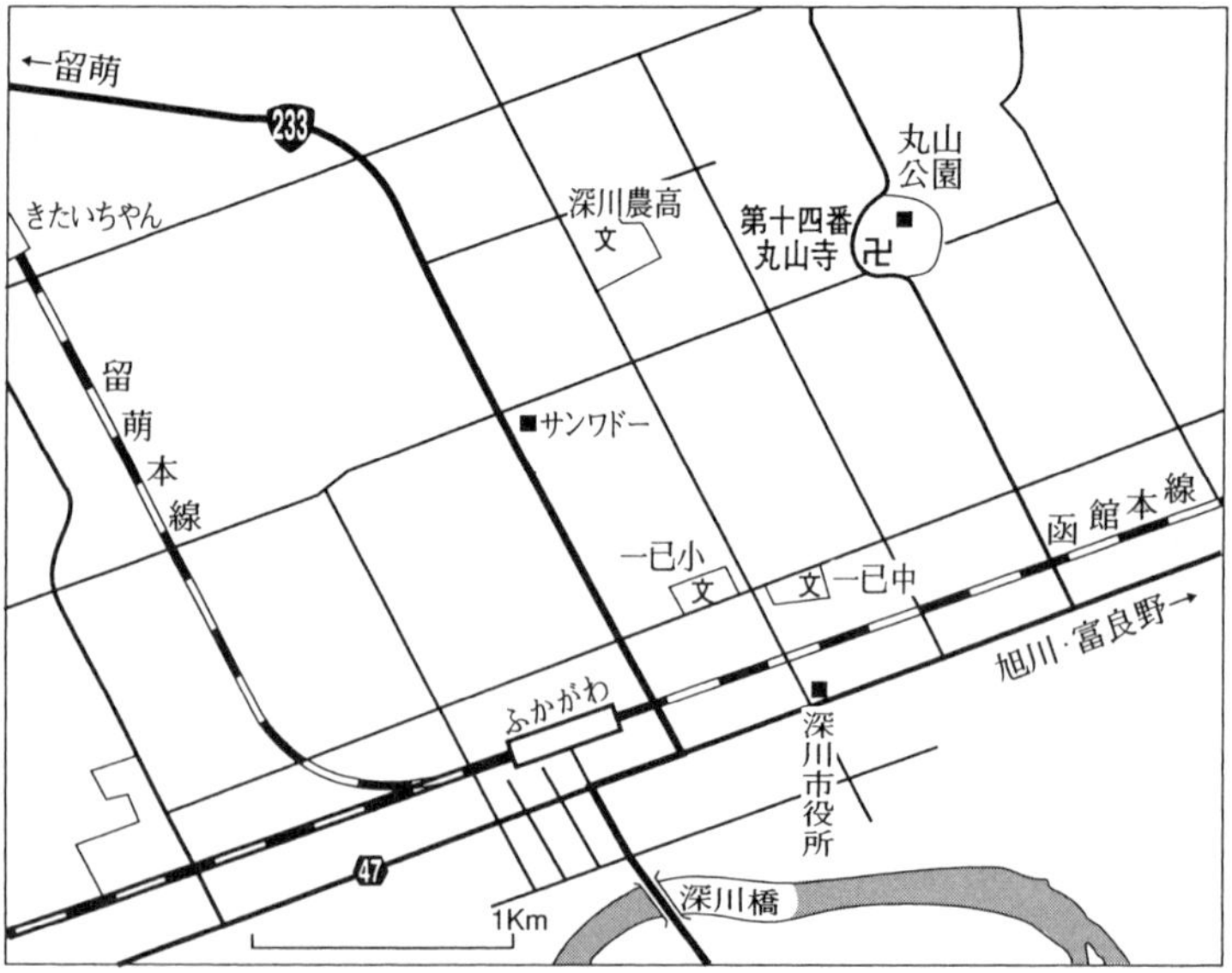
←留萌
233
きたいちゃん
深川農高
丸山
公園
第十四番
丸山寺
留
萌
本
線
サンワドー
函館本線
一已小
一已中
旭川·富良野→
ふかがわ
深
川
市
役
所
47
深川橋
1Km

第十四番

遍照山丸山寺《へんじょうざんまるやまじ》（高野山真言宗）

〒074-0028 深川市一已町大師
☎〇一六四—二二—八三四一

本尊　弘法大師
霊場御尊体　如意輪観世音菩薩
〔御真言〕オン・ハンドメイ・シンダマニ
・ジンバラ・ウン
〔御詠歌〕新《あたら》しき丸《まる》きみ山《やま》の新四国《しんしこく》　救《すく》わ
せ給《たも》う南無観世音《なむかんぜおん》

寺号の基となった「丸山」は、お椀を伏せたような海抜一二〇メートルの小さな山で、屯田入植した人たちが原生林を伐採して、はじめてその先に丸い山を発見したというエピソードが残っている。屯田兵制度のある間は、近くに大隊本部が置かれていたせいもあって、山自体が実弾射撃訓練の標的にされ、丸山の立木は鉄片が食いこんでいるので用材として売れなかったという。

明治四十一年、正田筆吉ら四国出身の弘法大師信者が発起人となって、新四国霊場を創設したことを以て丸山寺の開山とする。初代担任者には高畑行毅が、二代に高畑俊秀が就いた。新四国霊場一番から山腹を右に巻いて、八十八番を経て山頂に達すると奥之院がある。ここの石仏は、八十八箇所の御本尊に付随してかならず一体ずつ大師像が安置されていてめずらしい。四国霊場の各札所が、本堂と大師堂がかならずセットになっていることからくる、熱心な大師信仰の表れであろう。

弘法大師信仰の霊場としての丸山寺の伝統は、北海道としては古いほうで、全道各地に信者が多く、春の正御影供《しょうみえく》（現在は五月三日）には、深川駅から四キロ、長蛇の列ができた時代があった。近年は二月三日の節分会に道内各地から多数の参詣客が訪れ、平成十二年には山の中腹に大本堂が完成した。

このほかの主な行事として、節分、土用の丑、

平成11年完成の丸山寺新本堂

八月地蔵祭などがあり、護摩修法による祈祷中心の法要が多く、丸山霊園墓地に近いこともあって、心の安らぎをもとめて参る人たちでにぎわう。

元来十四番札所は観音霊場創設当初、丸山寺ではなく「臨済宗円覚寺派説教所」であった。この説教所については『雨龍《うりゅう》屯田兵村史』（大正二年刊）に、わずかに記述がみえるていどで、いつどうして廃絶したのか正確におぼえている人もなく、観音像も八方手をつくして調べたが未だに所在がわからない。兵村史によると所在が一已《いっちゃん》村字一已六丁目で、創立が明治三十九年四月六日と丸山寺と住所も寺歴も似ていることから、霊場再興に当り丸山寺に十四番札所をお願いしたわけである。御尊体如意輪観音は、昭和六十三年新たに造顕された。

それにつけても、なぜ一カ寺だけ山本ラクは臨済宗を入れたのだろうか、いまとなっては想像するのみだが、観音霊場創設のときの筆頭顧問多田磯太郎の関係ではないかと思われる。山本ラクと遠戚関係にあった多田磯太郎は屯田兵出身で、そのころは説教所近くで農業をいとなんでいたから、説教所主管の後藤純道とは懇意だったのではないか、当然、しきりに多田家を訪れていた山本ラクも面識があったはずだ。十三番札所真言寺から、わずか四キロの地に十四番を設け、それも全札所を真言宗で占めるという彼女の原則を破って、臨済宗の説教所が当てられたのは、多田磯太郎、山本ラク、後藤純道、この三人の人間関係による配置であったと思わ

春、雪の中から現れた弘法大師像

れる。

なお当寺には霊場開創当時山本ラクによって作成された、北海道三十三箇所の観音像と寺名の入った木版刷りの小さな掛軸がのこされている。貴重な資料であると同時に、霊場開創にかけた山本ラクの熱意がうかがえる観音まんだらである。

丸山頂上は低山ながら眺望よく、石狩川をはさんで広がる石狩平野北端の穀倉地帯が一望できる。頂上広場に救世観音（昭和六十二年）が建つ。中腹に北原白秋の歌碑「一已の屯田兵の村ならし　ややに夕づくこの轍望《みおろし》を」（大正十四年作）がある。

町名「一已」は「イッチャン」と読み、アイヌ語で「鮭の産卵場」という意味である。

第十五番

神楽山春宮寺《かぐらさんしゅんぐうじ》（高野山真言宗）

〒071-1561上川郡東神楽町東一線一二号
☎〇一六六―八三―二三五三

本尊　大日如来
霊場御尊体　十一面観世音菩薩
〔御真言〕オン・マカキャロニキャ・ソワカ
〔御詠歌〕み仏《ほとけ》の大慈大悲《だいじだいひ》にふれなばと
　　　　春《はる》の宮《みや》てふ寺《ちょうてら》に詣《もう》でむ

明治三十六年炭谷実雄は大覚寺派説教所をここに開いたが、なんらかの理由で二年後には後任者を決めて説教所を去ることになった。理由は不明だが、あちこちにあった夜逃げ同然で去った坊さんとちがって、後任者をきちんと決めて去るあたり責任感の強いひとだった。

炭谷実雄が後任の谷沢正道に宛てた手紙が、いま春宮寺にのこっている。北海道行きを踏躇《ちゅうちょ》する正道をいかに説得するか、説得文（強引な）の見本のような文章である。当時北海道へ向う人びとの多くは、このような夢をはらませる文辞に魅かれたことであろう。

またもや本道行きを思い立ち成された由、貴兄の身に取り好運の開き初めと考え候。

春宮寺本堂

その訳は未開の本道なれば何事につけても好都合にて、本人の辛抱如何によりては巨額の資産を蓄積するもあえて難事にあるまじく、貴兄が戦々恐々として行く手の前を案ずるは、まこと道理なれども物はすべて一大決心を要す事にて逡巡遅疑は人生の滞留となり進歩発達は不可能と相成る可く、終身栄譽を能わざるに至らん。すべからく決心力行、倒れて後止むの一大勇猛心を発揮せねばならぬ事と存じ候。

北海道行きの決意をなんとか固めさせようとつとめたあとは、たたみこむように「此の手紙着次第渡道発足すべし」とつづく。そして日露の戦況に触れ、さらに「支那的の戦争は太古時代の遺物なり二十世紀の行動は日本式ならざるべからず」ときわめて勇ましく時代の背景をとらえ、ひたすら説得に腐心する。さらにつづく。

貴兄よ終身苦闘するの覚悟と其の間に綽《しゃく》として自適の快楽を取れ。その故に悲しむものは楽の故悲しむものなり。大快楽を執らんと欲せば、大苦痛を嘗むるの覚悟なかる可からず。貴地は大苦痛を味うの土地にあらず故に、大快楽を受くる能はず。時期は最も適当の日なり。大至急発足せよ。万事冬支度の用意し来たるべし。余り遅く来ると雪の為にいらざる難儀に遇うべし。この文を見ると共に故郷の空に決別の辞を述ぶべし。知己朋友に離別領袖を宣告すべし。早く来れ時機は再び来る事なし。

まったく生活のにおいのない抽象的な手紙だが、三十七歳の谷沢正道はこの手紙をふところに大きな夢を背負って香川県をあとにした。

説教所は神楽岡の高台のつづきにあって、かってこの岡が離宮造営地に設定されただけあり、上川盆地と大雪山を一望におさめる風光明媚の地だった。説教所は岡の頂上にあって岡越えをする道が境内地の前を通っていた。村びとが昼間ラッパや鈴を鳴らしてこの道を通る意味がわからずたずねると、ヒグマよけの音だと聞いておどろいた。水は二〇〇メートルほど離れた湧水を使ったが、冬には雪の下になったので、もっぱら軒下の雪をナベで溶かして水にした。

明治四十四年、正道は辛苦のなかで「春宮寺」公称の許可を得る。春宮寺の名のいわれは、この辺一帯が御料地（皇室の所有地）であったので皇室の安泰を祈る気持から、皇太子を意味する春宮《はるみや》とした。寺号公称の申請をうけた道庁は不敬罪の適用をおそれたが、真言宗なら天皇家と縁がないわけではないと許可になったという。

本堂は大正六年の建立。寺の近くの「アオダモ」の原生木を払い下げてもらい用材とした。北海道で一般にタモと呼ぶ大木は、木目も美しく堅いので開拓期の寺院建築に重宝がられた。

山本ラクが渡道して霊場開設まで仮寓するのは寺近くの坂東喜平宅で、春宮寺の檀家だった。

十四番丸山寺から順を追って回る場合、十六番金峰寺を先に巡拝し、十五番春宮寺を経て十七番弘照寺へ向うのが地理的には無駄がない。

旭川空港のごく近く、岡の上の金色の救世観音を目当てにいくとよい。

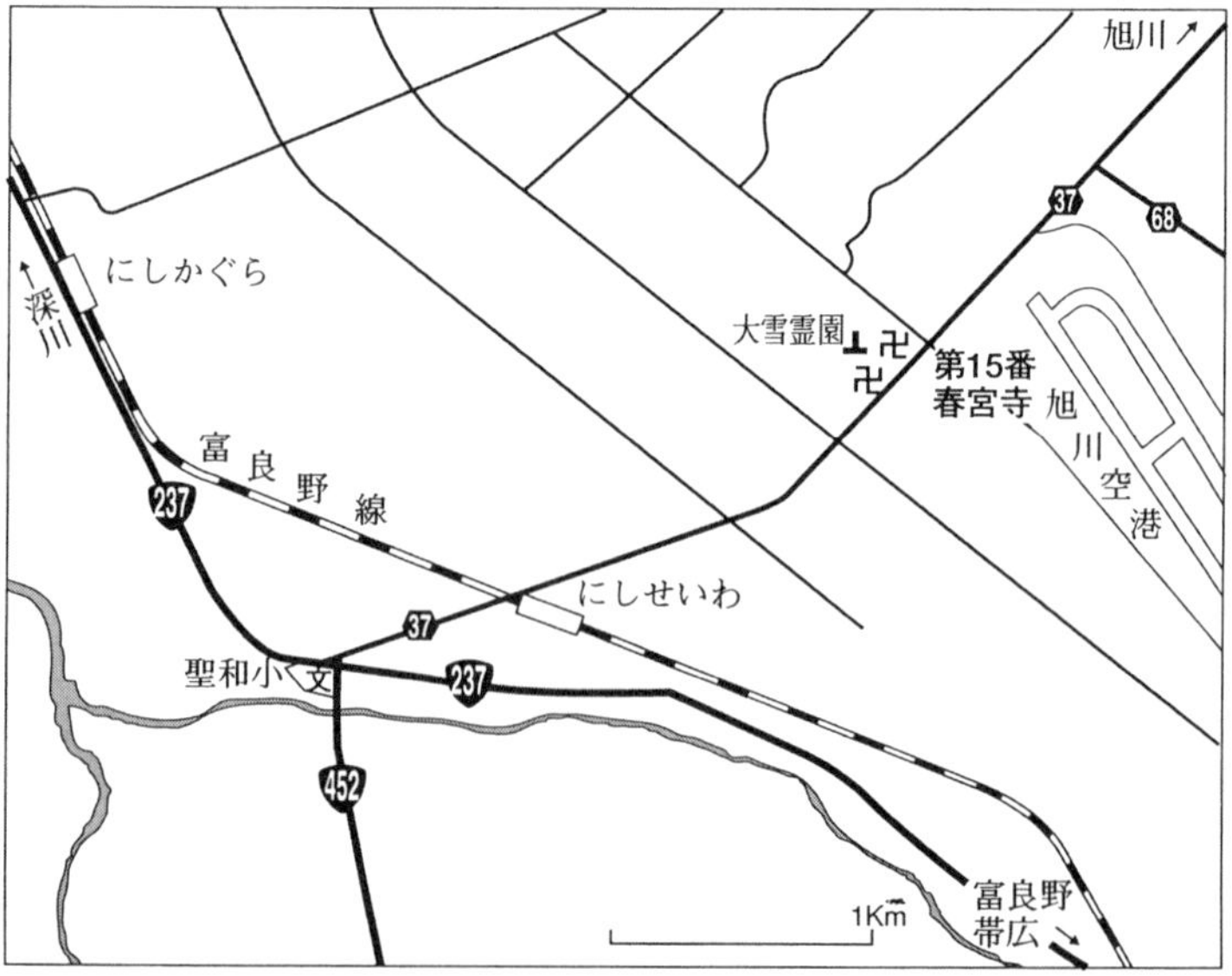

第十六番
谷口山金峰寺《たにぐちさんこんぽうじ》（高野山真言宗）

〒070-0035 旭川市五条通一七丁目左三号
☎〇一六六―二三―四〇二六

本尊　大日如来

霊場御尊体　千手観世音菩薩

〈御真言〉オン・バザラ・タラマ・キリク

〈御詠歌〉大雪《たいせつ》の清《きよ》き流《なが》れに影《かげ》うつし　照《てら》し給《たま》える峰寺《みねでら》の月《つき》

明治三十八年、谷口与三翁の悲願によって開かれた。

翁は富山県新川郡長引野の出身。明治二十九年、妻テイとともに上川郡東川忠別に入植、十町歩の造田に成功したが、明治三十八年、四十七歳のとき妻と死別（一子源作はのちの第三世秀峰）。信仰心厚き妻テイの婦徳を賛え菩提を弔うため、全私財を寄進し金峰寺の基礎をつくった。

実際にはそれより以前に、高野山開教師として秋山亮範師が同所近くに、錫をとどめて布教活動をしているが、開基にはなっていない。

当地方の当時の宗教事情を、「旭川市史第三巻」によると次のごとくである。

金峰寺本堂と霊場本尊をまつる大悲閣（右）

上川地方は既して仏教の盛んな地方で、数戸の部落ができると、学校よりもさきに説教所を設ける有様で、旭川の如きも、浄土、真言、曹洞、本派本願寺、大谷派本願寺、日蓮宗等の六派が備って、何れも明治二十五、六年ころの創立であり、同三十四、五年ころには固定の信徒を有し基礎を確立している。

当時は各宗とも寺院以前の説教所時代であった。

第一世住職として富山県より大橋秀戒師が招請され、明治四十二年十一月三十日寺号公称が認可された。大橋秀戒師は明治四十二年から大正六年まで在職し、その間北海道三十三観音霊場の創設に尽瘁、岩内本弘寺の肥田盛道師とともに、霊場配置の指導師として、各観音尊像の台座にその名をとどめている。

山号の谷口山は開基谷口与三翁の功績を賛えるために、その姓をとって名づけた。寺号金峰寺は、総本山金剛峯寺より授与されたもので、総本山の寺号の剛を除いたものである。当初、呼び名はこんぶじであって、大正時代はそのように呼んでいたが、いつの間にか、こんぽうじとなってしまったという。

インド様式の本堂はじめ、諸堂建造物は現住職（第五世資延敏雄）の代に建立されたもので、ことに本堂塔屋には仏教国スリランカのアヌラダブラ市にある仏歯を祀る仏塔の聖石が安置されている。聖石は昭和三十二年に日本・スリランカ親善のため同国より授与されたもの。

境内には明治三十八年建立の石造の八十八箇所本尊が安置されており、現在でも朝夕の参詣者の絶えることがない。また市の郊外忠和立岩の八十八箇所も当寺の管理するところ、また上川新西国十三番の札所でもある。

毎年十回の年中行事のほか、毎月二十一日は

境内の八十八箇所本尊

大師講のお参りがあり、善男善女でにぎわう。とくに三月三日の「大般若経六百巻転読法会」は盛儀で参詣者も多い。

ちなみに霊場開創者の山本ラクは、大正十一年この寺の近く一条十八丁目に弘法大師教会を開き、北海道を去る大正十三年迄そこで過していたので、おそらく足繁くこの寺にも通ったことであろう。

現在の寺格「準別格本山」は昭和四十二年に、総本山より授与されたものである。

旭川市は人口三六万人。札幌市につぐ北海道第二の都市で、道北の政治、経済、文化の中心地である。大雪山系の豊富な森林資源にめぐまれ木工品工業がさかん。道北、道東をはじめ大雪山国立公園への交通の拠点となっている。

第十七番

慈雲山弘照寺《じうんざんこうしょうじ》（高野山真言宗）

〒071-0703空知郡中富良野町基線北一二号
☎〇一六七—四四—二一五二

本尊　大日如来
霊場御尊体　十一面観世音菩薩
〔御真言〕オン・マカキャロニキャ・ソワカ
〔御詠歌〕受《う》けし恩感謝《おんかんしゃ》で詣《まい》る弘照寺《こうしょうじ》　境《に》
内《わ》の大樹《たいじゅ》に偲《しの》ぶ往《い》にし方《え》

旭川から国道二三七号線を南下して第十七番へ向う途中、道の左右に広がる「丘」は、日本でもっとも美しい丘として定評がある。弘照寺のある中富良野町の丘にラベンダーが紫の花をつける夏には、二〇万人を越す観光客がこの町を訪れる。

ラベンダーの丘のつづきに弘照寺があって、背部に弘楽園をひかえた境内は森厳な浄域の雰囲気をただよわせている。北海道の庭園の多くが内地の木をもとめる傾向にあるが、この境内の庭は「エゾマツ」をはじめ地元の樹木におおわれている。

明治三十四年頃香川県より移住した人たちが中心となって、上富良野村に小さな大師堂を建

弘照寺本堂

立し、大師講を組織していた。その後真言宗の僧侶が錫をとどめていた形跡はあるが寺の開設にはいたらず、明治三十八年八月岩田実乗の来錫を待つことになる。

開基岩田実乗は富山県に生れ、五才で同県下新川郡の小川寺心蓮坊にて得度、高野山に学び東京目白僧園に師化として奉職、明治三十八年京都市大本山泉涌寺にあるとき、開教師として来道した。実乗三十歳であった。道内を巡錫し上富良野村に同郷の篤信者を訪ねたところ、この地に留錫寺院創立を懇望され開教を決意したという。

年月とともに教線を拡張、大正七年には現在地に本堂を建立して、布教の地を上富良野村からここへ移した。その後（大正十一年）開教の意欲に燃える実乗は篤信者の帯広移転にともない、自坊を法嗣の卓道にゆずって、帯広市に説教所を開いた。昭和九年には出家得度した富山県の心蓮坊に帰って住職をつとめ、同十八年弘照寺に帰山する。実乗の足跡をみると、当時の開教にかける僧侶の一処に居住しない、本来の僧の姿をしのぶことができるのではないか。

明治四十一年秋、かねてより東北、北海道、樺太を巡錫中の釈雲照律師が来寺、目白僧園時代の実乗の師であった雲照は、親しく「慈雲山」と山号を名付け雄渾な書にしてのこした。現在本堂に掲げられている山号額がそれである。実乗は目白僧園時代をふりかえり「雲照さんの頭を剃ってあげるとき、手がとどきずらくて苦労した」とよく話されたそうだ。実乗は小柄な人で立ち膝をしても、大柄な雲照師の剃髪が大変だったという。

境内に薬師堂、光明真言塔、六地蔵尊像、修行大師像などが安置され、裏山の弘楽園に新四国八十八箇所が祭られ参詣者が多い。

当山には山本ラクのつくった札所配置の貴重な掛軸が保存されている。

雪の中のこまいぬ

行事は涅槃だんごまき、正御影供、八十八箇所山開き、修行大師奉賛会、地蔵盆、永代経、お山閉いなどがある。

付設団体に青年会、弘親会（青年会のOB）、婦人会、大師講があり、活動がさかんである。

大雪山国立公園に近く、公園の一部十勝岳の山波を真近に望む景勝の地で、海抜一二〇〇メートルにある十勝岳温泉も近い。

境内の修行大師像

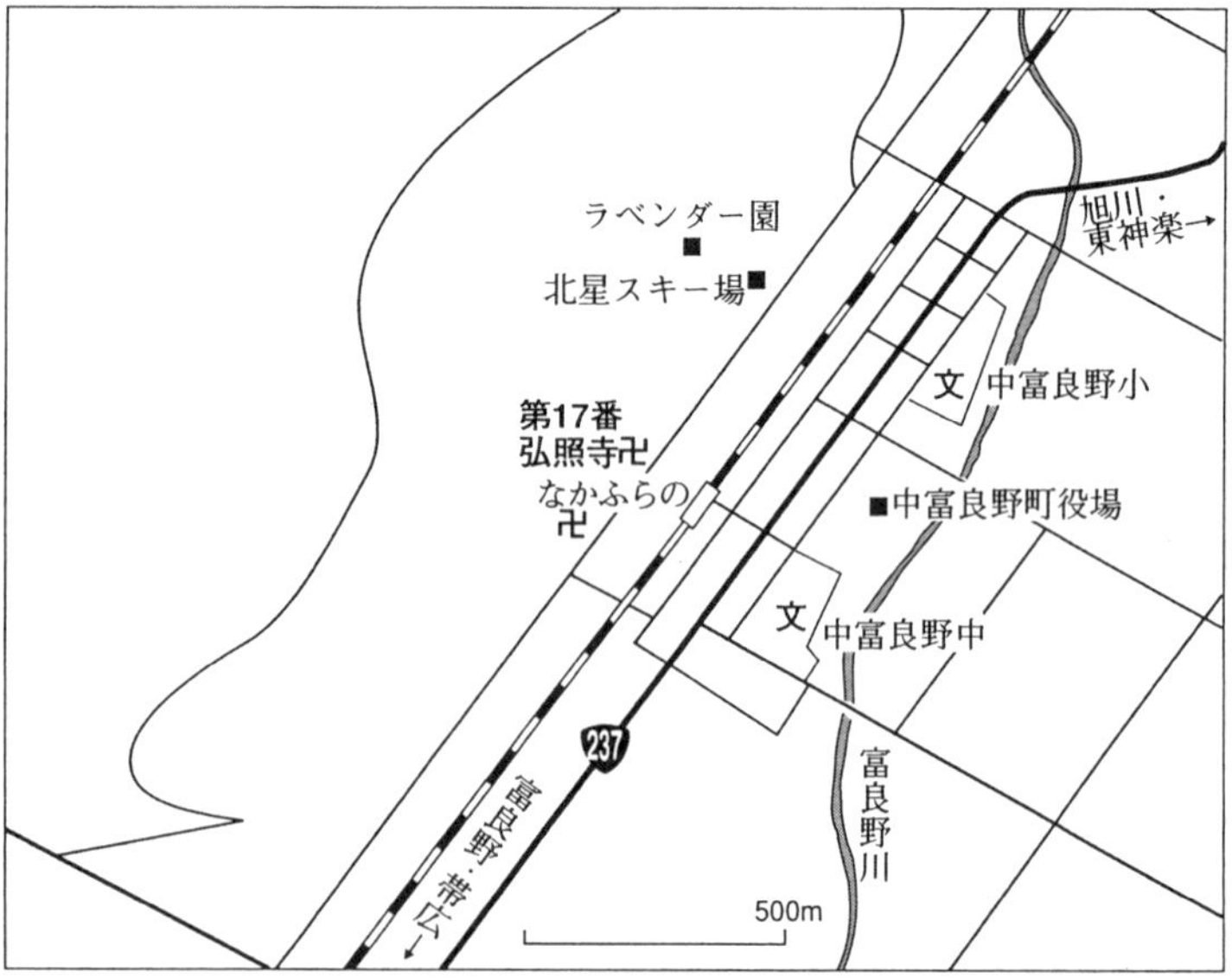

第十八番

護国山富良野寺《ごこくざんふらのじ》（高野山真言宗）

〒076-0031 富良野市本町一一号一〇番
☎〇一六七―二二―二六二一

本尊　大日如来

霊場御尊体　六臂如意輪観世音菩薩

〔御真言〕オン・ハンドメイ・シンダマニ・ジンバラ・ウン

〔御詠歌〕富良野《ふらの》なる六角堂《にょいりんどう》に詣《まい》りきて
　ただ一心《ひたすら》に捧《ささ》ぐみ灯明《あかし》

富良野市は北海道の中心に位置するところから「へその街」と称される。ちなみに西国札所の同じ十八番六角堂頂法寺も京都市の中心にあって「京都のへそ」と親しまれているとか。

最近、宮田戒応住職が檀家向けの寺報『富良野寺通信』に開創からの寺歴をくわしく執筆されているので、それを参考に記してみたい。

戒応師の祖父開基住職宮田俊人は佐賀蓮池藩の下級武士宮田儀満の子であるが、のちに兵庫県三輪村法導院の住職となるまでの経緯はまったくわかっていない。だが戒応師が御母堂（俊人の娘）から聞いたところによると、法導院住職のころ村の青年たちに仏書のほか論語なども

富良野寺本堂

講じていたというから、武士の子として相応の教養を身につけていたことはたしかである。

俊人がどんな理由で渡道を決意したかは不明だが、古丹別《こたんべつ》の説教所に空きのあることを高野山普賢院住職から知らされ、そのすすめもあってのことと想像されている。天塩国古丹別は日本海も稚内近くの海岸線から、数キロ山すそに入った小村だった。俊人が「北海道天塩国古丹別説教所担当依嘱《ママ》候事」なる辞令をたずさえ来道したのは明治三十九年、四十歳の夏である。しかし当時の古丹別が辺境の地でありすぎたことや、この土地の将来性などを考え早々に見切りをつけ、開教の適地を上川地方にもとめた。

上川地方の中心地旭川は軍都景気に沸き立ち人口が急増し、それが近郊にまでおよび各宗の説教所が布教を開始、教線がみごとに拡張されているのをみた。そこで俊人は情報を得るため現金峰寺の前身、真言宗布教所に秋山亮範を訪ね、富良野地方の開教の可能性を知らされた。

富良野は石狩、十勝、上川の三国をむすぶ三差路の地点、文字どおり北海道のヘソに当る地理的条件をそなえている。開教の条件の大きな要素のひとつは、物心両面から住職を外護《げご》する信仰心厚い檀那にめぐりあうことである。俊人のばあい仏縁としかいいようのない善根宿の施主にめぐりあう。富良野駅に降り立つや俊人は托鉢をしながら市街を一巡すると、一夜の宿のお接待を受ける。遍路に一夜の宿を提供し功徳を積むことを、四国では善根宿と称し、最近でもその風習がつづいている。

一介の托鉢の僧に温かくその日の宿をお接待したのは、倉前惣太だった。その夜俊人は倉前家の仏壇に灯明をあげ「理趣経《りしゅきょう》」一巻を読誦した。その経の終りに「善哉善哉《せんざいせんざい》……」と八回くりかえす箇所があり、倉前惣太はその句を聞いてまちがいなくこれは真言の坊さんだと信ずることができた。あの甘いおしるこを関西で「ぜんざい」というのはこの「善き哉《よかな》」（すなわち善き食べ物）が語源であるという。理趣経はすべて漢音読みでせんざいだが、呉音ならぜんざいで、おしるこはむろん後者のほうである。そんなわけで倉前惣太はしばらく俊人を自宅において面倒をみ、八月盆になると徳島や淡路出身の真言宗徒の家を教えて棚経に歩かせ、それが縁となって開創の気運が高まるのである。

霊場本尊をまつる六角堂

俊人はここに布教所開創の決意をかため、秋に北海道をいったん離れ翌四十年五月家族とともに再渡道、ただちに仮り住まいの借家で布教活動を開始した。そのとき高野山から下付された弘法大師像は現在脇士として祭られている。大師像の台座の裏には「元文五庚申」（一七四〇）の記録がある。

境内に大正十一年開創の三十三観音石像、前高野山真言宗管長森寛紹大僧正の句碑（号白象）、閻魔大王と霊場本尊如意輪観音を祭る六角堂などのほか、当寺経営のルンビニ幼稚園がある。市の西方朝日ケ丘公園の八十八箇所霊場、五鈷《ごこ》大師も当寺の管理するところで、富良野芦別道立自然公園の拠点として観光の名所となっている。

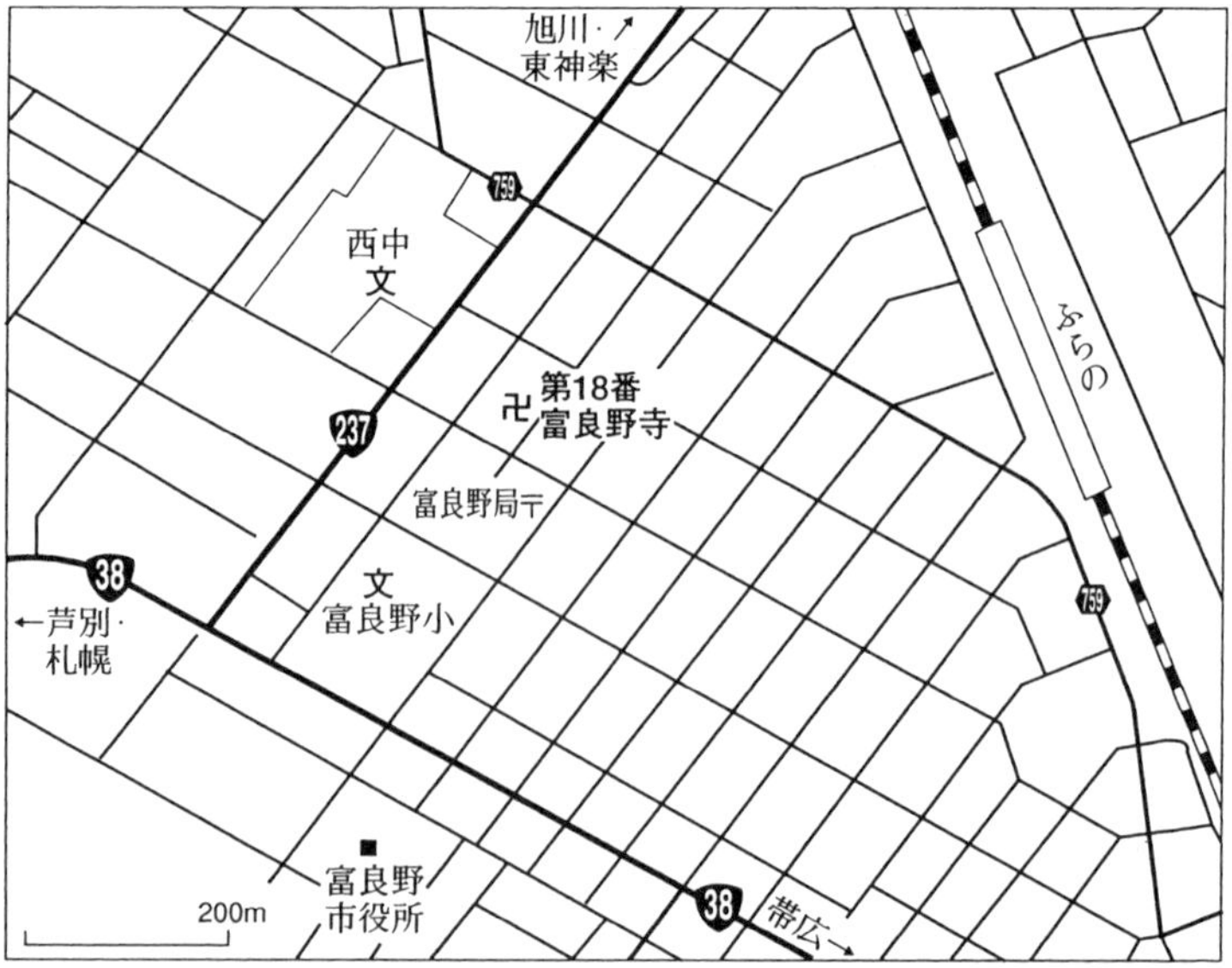

第十九番
成田山松光寺《なりたさんしょうこうじ》（真言宗智山派）

〒080-0806　帯広市東六条南六丁目
☎〇一五五—二三—三七三五

本尊　大日如来
霊場御尊体　千手観世音菩薩
〔御真言〕オン・バザラ・タラマ・キリク
〔御詠歌〕ありがたや松《まつ》の光《ひかり》の法《のり》の庭《にわ》　大《だい》師《し》の恵《めぐ》み遍《あまね》くぞ照《て》る

開山小谷松義光《おやまつぎこう》は新潟県三島郡島田村の生れ。出雲崎の寺で修行を積み、のちに北海道を巡錫し明治三十四年、二十九歳のとき、弘法、興教両大師の教風を宣揚すべく「晩成社《ばんせいしゃ》」の農場に雨露をしのぐ小庵を結んだのをもって創立とする。

義光は肌を刺す十勝の厳寒に荒莚《むしろ》を敷く清貧に甘んじながら、毎年極寒をふくむ一〇〇日間を「水光園《すいこうえん》」の清泉に水垢離《みずごり》の練行をなし、ひたすら諸仏の加護を念願した。文字どおり不惜身命の精進をつづけること数年にして、晩成社々長依田勉三《よだべんぞう》の知れるところとなり、勉三は七二〇余円を寄進して「不動堂」を建立した。

晩成社とは明治十五年に静岡県で依田らが起

松光寺本堂

こした会社組織の開拓団体で、十五年間に下帯広村（現帯広市）の未開地一万町歩を開墾するのが事業目的だった。明治十六年農民一三戸二七人が横浜を出帆、函館から陸と海に分れて帯広に向うが苦しい旅となり、一行は四分五裂の有りさまだった。五月の末より開墾を開始するも大陸性の暑さに蚊とブヨが猛烈に増え畑仕事ができず、八月にはバッタの大群が襲来、秋には早霜と洪水が追い討ちをかける。二年目以降も大差なく同志はあいついで離散したという。勉三はそれにひるむことなく牧場造成を手始めに、林業、工業、商店経営、漁業、食品加工など多くの事業をおこなうが、すべて失敗した。しかし十勝の諸産業は、それらの失敗のうえに築かれたといわれ、依田勉三は〝十勝開拓の父〟

とよばれ開拓神社の祭神となっている。

そんな困窮のなかで勉三が不動堂建立を目指した動機は、もともと不動信仰の厚い静岡県出身の開拓者の心の支えをもとめたのと、熱心な修行僧小谷松義光との出会いがあったからである。不動堂は義光と同郷の宮大工伊藤巳之助が棟梁となり二年がかりで完成、帯広市内に現存するもっとも古い木造建築物で、建立時の姿を完全にとどめている。建立当初市内東九条南七丁目にあったもので、大正六、七年ごろ小谷松義光らによって現境内に移築された。

義光は大正二年現本堂を建立、大正末期には四国八十八箇所霊場本尊の石仏、三十三観音の石仏を境内に安置。自坊経営に邁進するのみならず樺太に教会所を設置、石狩地方に三カ所、釧路、十勝にも各一カ所の教会所を設け教線の拡張に努力した。

年中行事のなかでも旧三月二十一日の御影供《みえく》法要、八月二十七、八日の不動明王大祭は大勢の参詣者が訪れる。

境内は古木がうっそうとし幽寂閑雅の趣きがある。「水光園」「帯広発祥の碑」が近くにある。

不動堂の扁額

帯広は人口一六万人。北海道第六位の都市で十勝の畑作酪農地帯の中心である。大陸性気候で四季の変化に富み、年間を通じて晴天日数が多く雪も少ない。市の東方近くに十勝川温泉がある。

雪のなかの不動堂

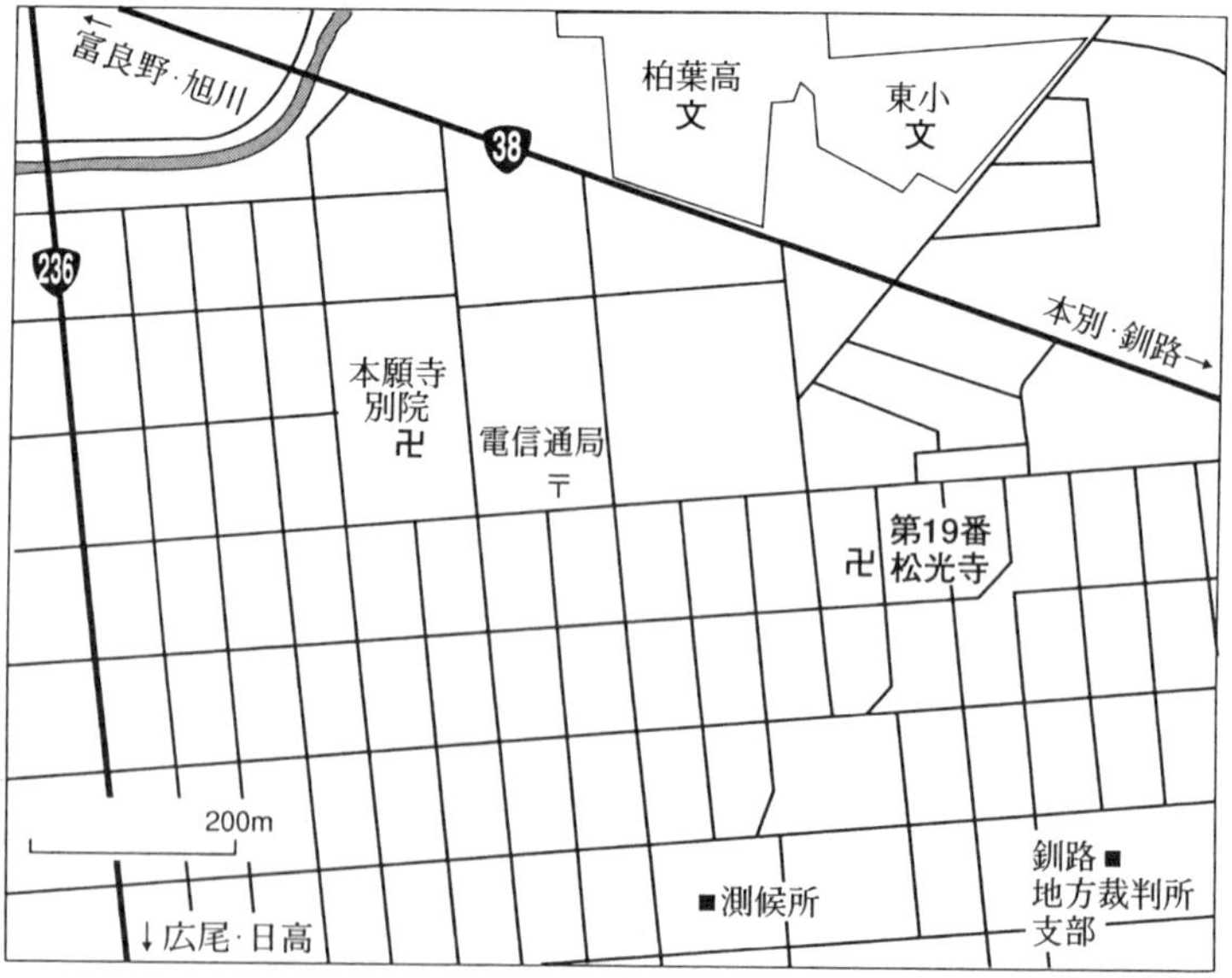

第二十番

大日山密厳寺《だいにちざんみつごんじ》（高野山真言宗）

〒089-3332 中川郡本別町朝日町一六―一

☎〇一五六二―二―二二六三

本尊　大日如来

霊場御尊体　千手千眼観世音菩薩

〔御真言〕オン・バザラ・タラマ・キリク

〔御詠歌〕ありがたやあしたの光拝《ひかりおがみ》みつつ
　千手《せんじゅ》の御寺《みてら》にまいるうれしさ

この付近では明治三十二、三年ごろより徳島県出身の開拓者たちが、お大師講を組織し毎月二十一日のお大師さんの日に各家持ち回りで集い合い、般若心経や御詠歌をとなえ、ふる里をしのぶとともに大師信仰を支えに苦しい開墾作業に立ち向っていた。五、六〇人の講員がいたと想像されるが、自分たちの〝大師堂〟建築を発願、冬期の農閑期に原生林を伐採、原木を挽き割る労苦の末御堂を完成した。しかし場所が現境内地の南を流れる本別川沿いにあったため、明治四十年四月の水害で大師堂は濁流にのまれてしまった。

その後開基住職豊沢文雄を迎え境内地を現在の高台にもとめ、明治四十二年、本堂落成と同

密厳寺本堂

時に寺号公称の許可を得ている。密厳寺ではこの年をもって創立としているが、他寺のように大師堂や説教所時代を開創とする考え方に立つと、もっと古くなる。住職豊沢文雄は大正四年密厳寺を去り根室本城寺へ養子として移り、その後本城姓を名乗ることとなる。豊沢文雄の根室行きの理由は密厳寺本堂建築の借金返済に窮したためといわれるが、くわしいことはわからない。

最近（昭和六十二年）山本ラクの没した徳島県円行寺から、大正二年と思われる密厳寺における入仏式の写真が発見された。山本ラクは小柄で小綺麗なお婆さんだったという噂のとおり、それを実証させる鮮明な写真である。写真中央の山本ラクは白髪の短い髪をうしろになでつけた感じで、右手に金剛杖左手に鈴を持ち、着物のうえに白いおいずるを羽織る格好は、二十六番大日寺の写真と同じである。この写真が密厳寺の入仏式とわかるのは、本堂の柱に寺名の入った提灯が下がっているからである。旗が立ち五色の吹き流しもみえなかなか盛大だが、張られた白い幕に〝紋〟の痕跡が認められず開創間もない手元不如意をうかがわせる。ラクの左に豊沢文雄が払子《ほっす》を持って夏ごろもを着用、左右の参勤の二人の坊さんは真宗の僧侶で、同門の坊さんは遠すぎて呼べなかったと想像される。紋付で盛装の男たちは総代や世話人たちだろうか。本堂は板を打ち付けた民屋風、ただし窓は近代的で上下に開閉する様式でしゃれている。いろいろな情報を提供してくれる写真である。

入仏式の記念写真（大正２年。中央が山本ラク）

第二世福家仁龍は香川の人で、当時北海道を布教で巡錫した乃村龍澄（のちの大覚寺門跡）の勧めで置戸《おけと》の大師教会に入り主管者であったところ、たまたま陸別《りくべつ》村の檀家の法事の席でその家の親戚の川人氏（密厳寺の篤信者）から、檀那寺の無住状態を聞かされ密厳寺への入寺を決意した。大正六年（二十八歳）のことであった。仁龍は教線を積極的に拡張し、勇足《ゆうたり》、仙美里《せんびり》、陸別に大師堂を建立、現在はそれらが密厳寺の飛地境内として登記され、むかしどおり大師講の活躍の場として機能している。足寄《あしょろ》大師教会は寺格にいたり寺院として独立した。

昭和十年代には仁澄は町会議員を三期つとめるかたわら、民情を知るためと称し、植林をはじめとし、牛、豚、めん羊、山羊、にわとり、馬を寺の境内で飼い、檀家への負担軽減をこころみた。ただし家畜の世話はもっぱら住職夫人と現住職龍祥夫妻にまかされたという。馬は広い檀家回りに住職が乗って利用したらしい。

北海道でも十勝地方の広さは格別で、密厳寺の檀家のばあい寺を中心に半径六〇キロの範囲に散在し、住職の乗用車は年間三万キロは走るという。

寺の裏手の本別山系に八十八箇所霊場があり、約四キロの山道に本尊が配置され、山開き山閉いの法要に参詣者が多い。年間行事も多くさかんで、とくに正御影供は大般若経が転読され護摩法が修せられて盛大である。

本堂、納骨堂、庫裡など、現住職時代に一新された。

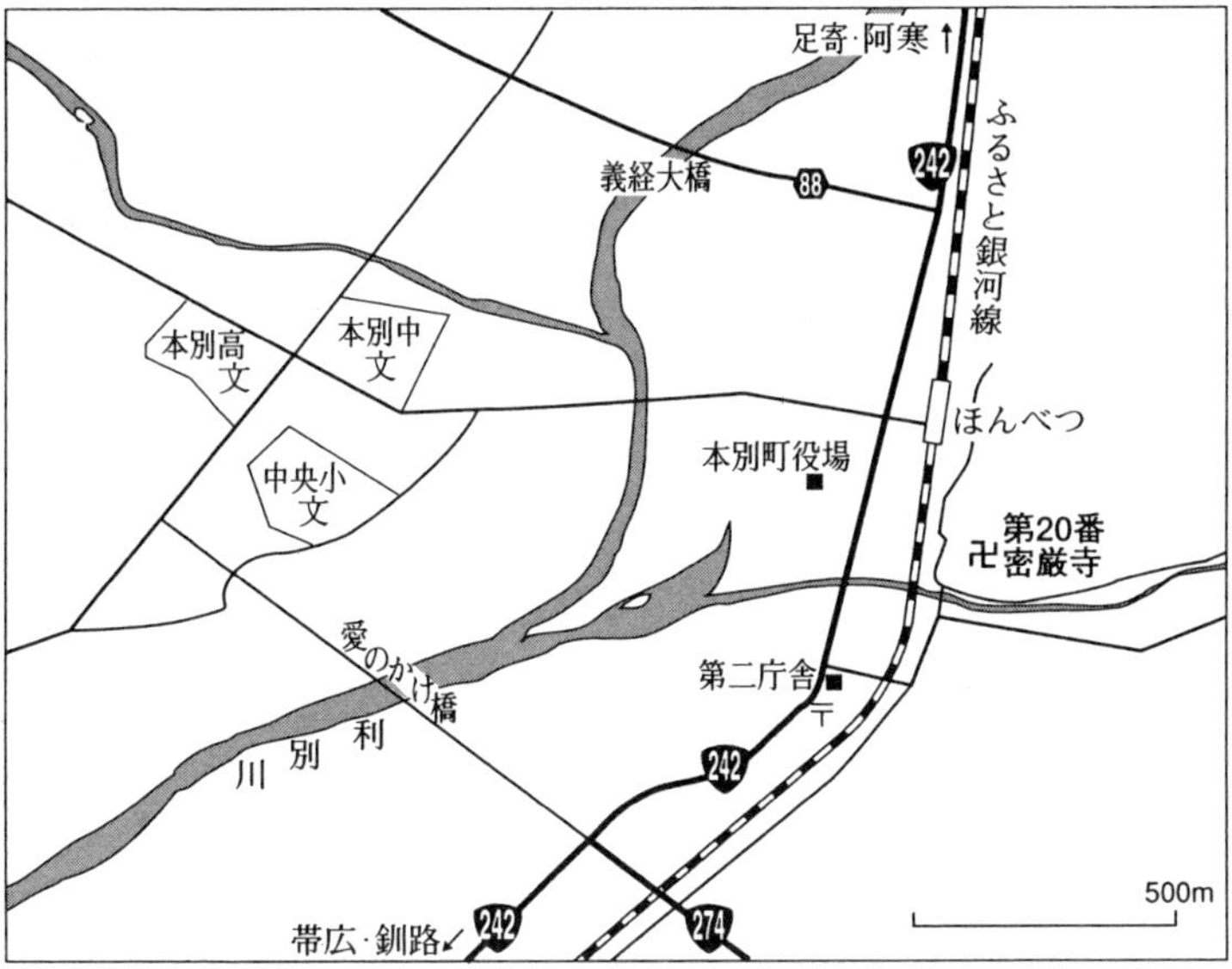
足寄·阿寒
ふるさと銀河線
242
88
義経大橋
本別高
文
本別中
文
中央小
文
ほんべつ
本別町役場
第20番
密厳寺
愛のかけ橋
第二庁舎
利
別
川
242
帯広·釧路
242
274
500m

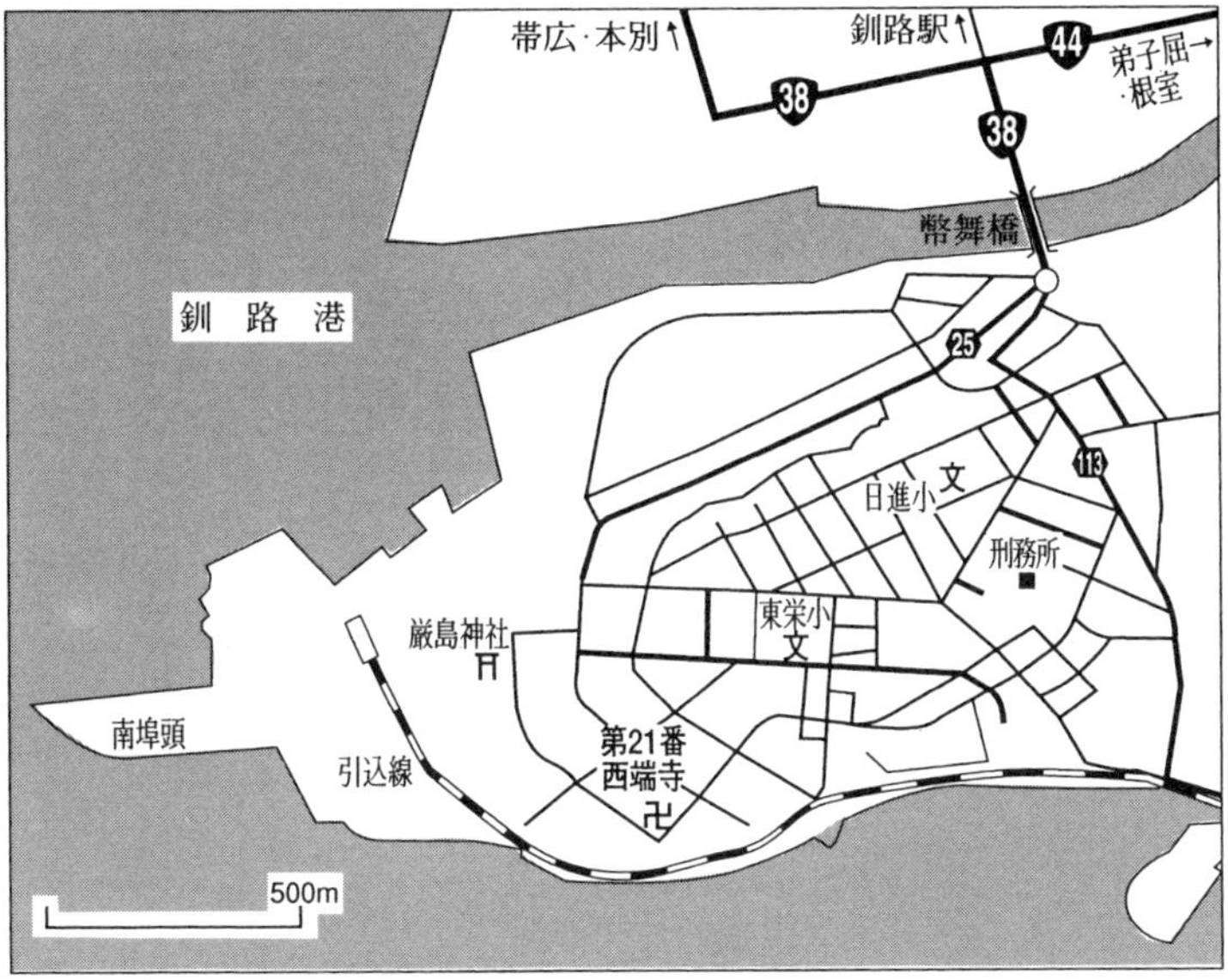
帯広·本別
釧路駅
44
弟子屈
·根室
38
38
幣舞橋
釧　路　港
25
113
日進小
文
刑務所
東栄小
文
厳島神社
南埠頭
引込線
第21番
西端寺
500m

第二十一番

四恩山西端寺《しおんざんさいたんじ》（高野山真言宗）

〒085-0842 釧路市米町三丁目二番一〇号
☎〇一五四―四一―三三八九

本尊　不動明王

霊場御尊体　聖観世音菩薩

〔御真言〕オン・アロリキャ・ソワカ

〔御詠歌〕はるばると四恩《しおん》の山《やま》に詣《もう》でして
祈《いの》りの声《こえ》に晴《は》るる海霧《うみぎり》

明治三十二年八月十四日西端《にしはた》良純により西端寺の寺号公称が認可されたことをもって創立としている。しかし明治二十五年ごろ、すでに現在の米町に布教所が建てられていたと古老たちはいう。

西端良純は函館高野寺（第一番）の第三世住職であったところ、明治三十一年道東釧路地方に集団入植していた大師信者の懇請により一寺建立の大志を抱いて来錫した。『高野寺沿革史』によると西端良純は慶応二年和歌山市の生れ、十六歳で同市の明見寺に出家得度、〝容貌端厳〟とわざわざ記すあたり、かなり美男の僧だったとみえる。長じて高野山に修学、悉曇声明《しったんしょうみょう》をきわめた。高野寺第二世住職高木開実とは高野山

西端寺本堂

で交流があった関係で、高野寺の副住職として函館に迎えられていた。明治二十八年高木開実病没し、翌二十九年西端良純は三十一歳で第三世住職を拝命した。その後釧路における師の活躍振りを沿革史はほぼつぎのように伝えている（原文は漢文）。

本道宗内職並びに開教事務所長をわずか三年で辞め、明治三十二年初秋、信徒の懇請を容れ釧路港米町に新寺を創立、自分の姓をとって西端寺《さいたんじ》と号した。迷える衆生に幾多の甘露の法雨を降らし、済生利民の広業はむしろ有形より無形のもの少なからず。常に慈悲を以て心となし、柔和を以て性となした。人びとは師の徳を慕って寺門を訪れ、仏家の棟梁、苦海を渡す筏《いかだ》なりと言って賛仰した。

なお高野寺五世柳井津嶺明は西端師を賛える七言絶句（漢詩）をのこした。

当時の釧路はまだ一寒漁村にすぎず、檀信徒は少なく、本道最果ての極寒の地での開教の困苦は筆舌につくしがたいものがあった。そして苦闘一年有余、良純はあらゆるかん難に耐えて堂宇建立に挺身し、遂に一寺を建立するのである。このとき良純は高野寺の住職だったので西端寺の住職は兼務だったと思われる。明治三十三年五月西端良純は病気を理由に高野寺住職を辞任、大阪府下光明寺の住職となって北海道を去った。

西端寺建立二か月余りで良純和尚が去り、寺務一切は長谷部実玄が当ったが数年にして遷化、二世住職藤森鴻雅が晋山した。藤森鴻雅が堂宇を増築、明治三十四年五月その完成をみている（当時の棟札現存）。しかし鴻雅は半年にして退寺した。

第三世岡崎頼善が佐渡より入山し（明治三十五年）住職拝命以来寺門興隆に努力、内陣六角堂をはじめ別殿を建立したが、寺門の経営は思わしくなく数年にして荒廃の極に達し、廃寺同様の状態となった。観音霊場の御尊体がもたらされたのは、まさに荒廃のさなかであったろうか。

第四世近藤快応は大正六年、本山の命により入山、粉骨砕身寺院の復興につとめ、山門の建立、参道の整備、西国三十三箇所・西国八十八箇所を発願開創するなど、西端寺中興の役をに

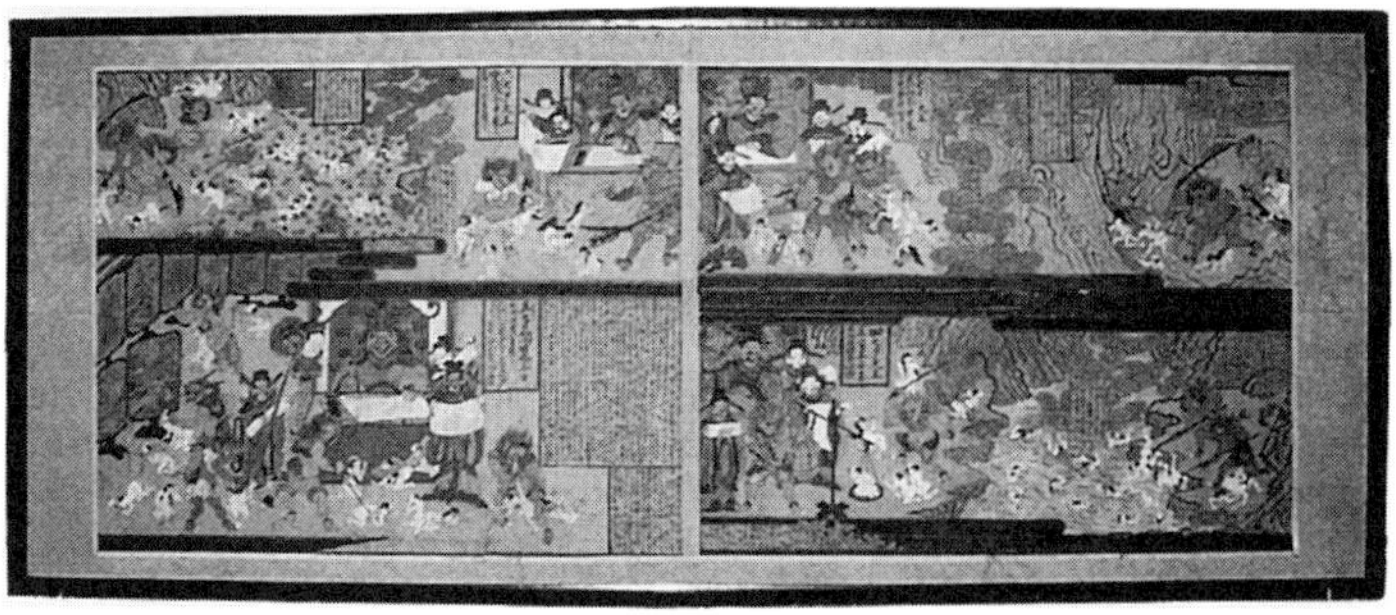

西端寺所蔵の地獄絵図

なった。

現本堂、庫裡、納骨堂は第五世福田快厳のとき、高野山開創一一五〇年記念事業とし、昭和四十年から六星霜を経て建立されたもの。その折本山より「準別格本山」の称号をたまわった。快厳は長きにわたり宗団ならびに社会浄化に尽力した。

年中行事のなかでも「奉祷会」は特色があり、四大節と国の祝祭日に法要をおこなうもの。阿寒地帯の四国八十八箇所巡拝、春採《はるとり》三十三箇所春秋巡拝も伝統行事としてにぎわう。毎月金剛講婦人会の例会が開かれる。

釧路は明治三年函館、秋田、青森などの漁夫が移住して漁場がひらけ、こんぶ、にしん、さけを中心として漁場が栄えた。のちに漁業、石炭、製紙が釧路の三大基幹産業として栄えた。市の背部に特別天然記念物タンチョウ鶴の繁殖地、国立公園「釧路湿原」をひかえ、市内の「幣舞橋」は道東の四季をテーマとしたブロンズ像が並び西端寺からも近い。

第二十二番

護国山清隆寺《ごこくざんせいりゅうじ》（真言宗智山派）

〒087-0044 根室市松本町二丁目二番地
☎〇一五三―二三―二九四二

本尊　大日大聖不動明王

霊場御尊体　千手観世音菩薩

〔御真言〕オン・バザラ・タラマ・キリク

〔御詠歌〕はるばるや岬《みさき》に響《ひび》く法《のり》の声《こえ》　ほとけの慈悲《じひ》の桜寺《さくらでら》なる

根室は海を隔て国後《くなしり》、択捉《えとろふ》、歯舞《はぼまい》、色丹《しこたん》の北方領土が連なる水産都市である。

市の木は「チシマザクラ」で北海道、本州中部以北、樺太、千島に分布し、高さ一・五〜三メートルがふつうで、花、樹姿が美しく、とくに清隆寺の境内に繁るチシマザクラは毎年日本で最後に咲く桜としても有名である。

母樹の木は明治二年田中文七が国後島より持ち帰って寄贈したもので、現在樹齢一二〇年くらいと想像され、北海道開道百年記念に際し「北海道銘木記念樹」に指定された。現在境内に四〇本近くあり、毎年開花の時期には新聞やテレビで報道され、花見の人でにぎわう。

真言宗寺院の設立を願う移住者たちの懇請を

山門よりのぞむ清隆寺本堂

受け、明治二十四年九月本山より北門開教の命を受けた北海道巡教師細川卓静（福井県出身）が着任したことをもって清隆寺の創立とする。

現在地に一棟新築し寺院創立事務所を設け、卓静が予定住職となって寺号公称に向け邁進した。公称の準備を整え大伝法院座主へ具申すると、本尊大日大聖不動明王（両童子付）をはじめ弘法、興教両大師並びに創立費百五十円を下付された。この不動明王と両大師は、清隆寺へ下付のため明治二十七年一月大伝法院座主高志大了大僧正が自から導師をつとめ、大学林大講堂において大衆をひきいて開眼供養されたもので、当時いかに本山が北門の教線拡張に意をつくしていたかを知ることができる。

日増しに信徒が増加し永続維持の基盤ができ、

明治二十九年五月十五日一寺創立を出願、明治三十年三月二十五日許可され、護国山清隆寺と公称した。

当寺の「阿彌陀如来」は東大寺別当公慶が元禄十三年（一七〇一）に開眼している。地蔵菩薩は天平時代の作と古い。風格のある山門は大正七年の建立で薬子門（薬医門ともいう）の形式をとり本柱の内方に控柱二本を建て、切妻屋根をかけている。現本堂は大正十三年の建立、岩手県気仙の名工花輪棟梁の手になる。

本堂に千体観音を祭り霊場としている。千体観音は清隆寺の元檀家関数雄氏がふる里の新潟県三条市に帰って、身の丈一寸五分ほどの観音像五千体彫刻を発願し、そのうち一千体を北方領土の返還と海難の無事故を祈願し、昭和六十一年正月清隆寺に奉納された。希望者はその観音像の背中に願いごとと姓名を記入して祈願することができる。（奉納料一体千円）

西和田の長節沼《ちょうぶし》にある三十三観音霊場は、沼の周囲四・五キロに等身大の石仏を配したもので規模が大きく、毎年チシマザクラの開花頃に合わせて法要をいとなんでいる。この霊場は本城寺住職本城文雄師の発願で、昭和六年ごろ創設された霊場で、ここのお堂に山本ラク奉納の観音像が祭られていたことがある。これらのいきさつについては、つぎの第二十三番大法寺の項でふれる。

年中行事に修正会（元旦）、初護摩供、常楽会、正御影供、春秋彼岸、盆施餓鬼、報恩会などのほか、北海道三十三観音二十二番千手観音の法要（五月）がいとなまれ観音講員物故者の追弔、千体観音の供養もあわせ執行される。また根室市は太平洋戦争中米軍の攻撃を受けた北海道で数少ない都市のひとつで、八月二十日には戦争海難犠牲者の法要がいとなまれる。

当寺では教化活動のひとつとして「テレホン法話」（〇一五三―二―三三五五）をおこなっている。毎週日曜日テーマが変更される。

根室半島の東端納沙布岬《のさっぷみさき》は北方領土の歯舞諸島と向かいあい、二キロもないところにソ連との国境線がある。岬には北方領土資料館や展望台が建ち年間数十万人が訪れる。

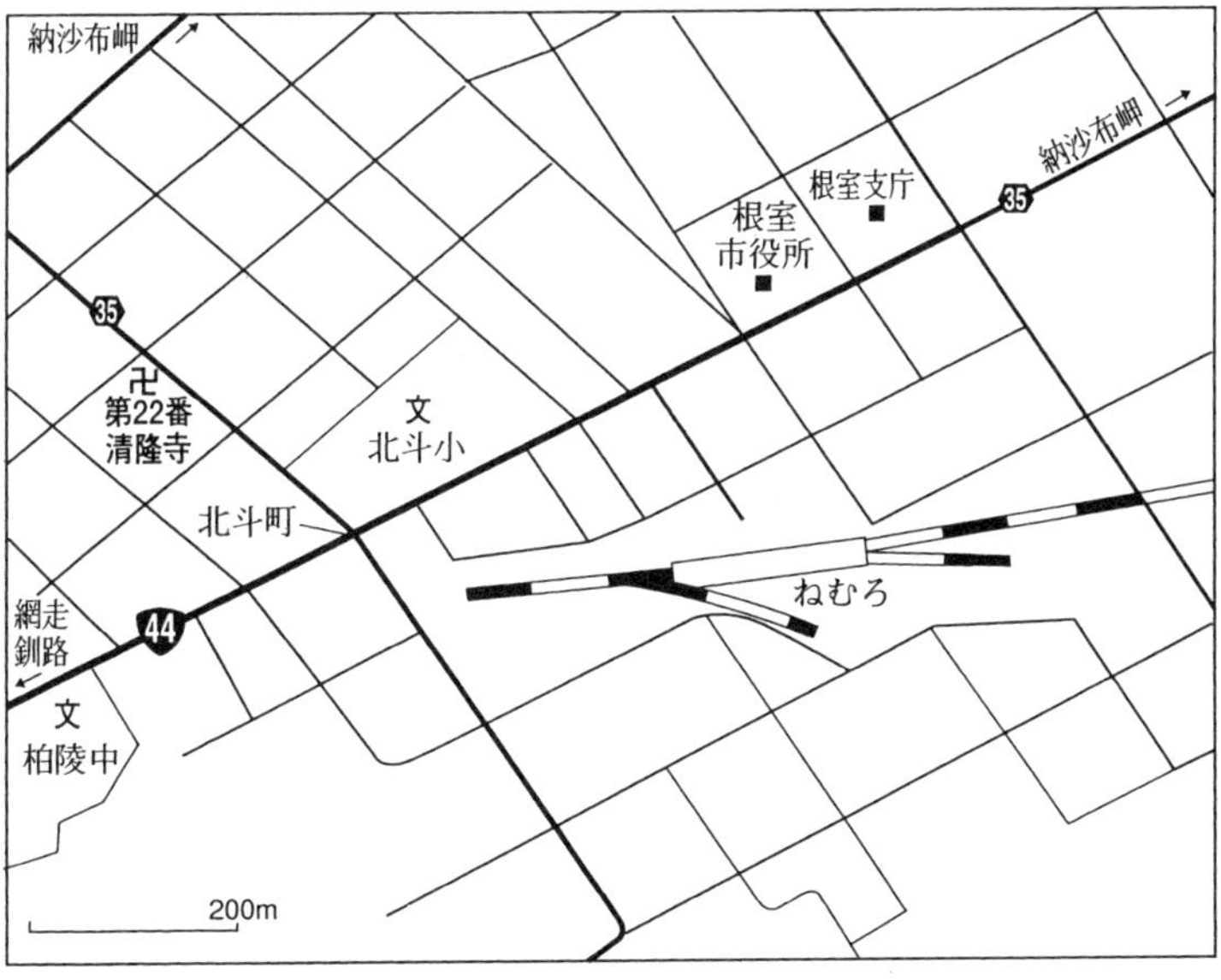

第二十三番
護国山大法寺《ごこくざんだいほうじ》（真言宗智山派）

〒098-5551 枝幸郡中頓別町字中頓別一六五
☎〇一六三四―六―一五二八

本尊　不動明王
霊場御尊体　千手観世音菩薩
〔御真言〕オン・バザラ・タラマ・キリク
〔御詠歌〕法《のり》の声《こえ》たどりて参《まい》る護国山《ごこくざん》
　　　　尊《とうと》き誓《ちか》い新《あら》たなりけり

「私が七、八歳のころだったでしょうか。山本ラクさんがひとりで、観音様を大きな風呂敷で背負って持ってきたのを覚えています。ラクさんは小柄なおばあさんでした」

大法寺の現住職田邑憲静師が七十五年前、根室の清隆寺（二十二番）にいた幼いころの記憶である。当時観音像は列車又は船で輸送する、と連合支所から各札所へ文書が配布されているが、実際には山本ラクが直接こうして各札所へ配って歩いたのかも知れない。

二十三番大法寺の千手観音は、もともと根室の本城寺に安置された仏像だが、昭和十四、五年ごろ本城寺が廃寺となり、曲折を経て大法寺に安置されたものである。その経緯について憲

雪の中の大法寺

静師はつぎのように語られた。

「二十三番の観音様は昭和六年ごろ、本城寺住職本城文雄さんが根室から厚床《あっとこ》寄りの長節沼《ちょうぶし》のほとりに、等身大の石の観音像を配置して観音霊場をつくった際、そこに建てられた観音堂の本尊として祭られたのです。長節沼は根室半島の付け根にあって景色もよく、沼の周囲四・五キロに配した観音様をお参りにたくさんの人でにぎわいました。ところが本城さんが亡くなりお寺の方も廃寺になったりで、観音堂の管理もままならず荒れ放題だったようです。それからずっとあとになって、日高の浦河で住職をしていた息子の文康さん（昭和六十二年没）が宗谷地方を巡錫中大法寺に立寄られ、二十三番の観音さまをここでお祭りしてほしいと頼まれましてお請けすることになったのです。たしか昭和五十五年に文康さんが持ってきてくれましたが、それはひどく傷んでまして、観音さまの腕などほとんどありませんし、光背がかろうじてくっついてるていどで、金箔もほとんどはげていました。さっそく京都で修理してもらい、いまこうしてお参りしています。観音さまもラクさんも、本城さんもよろこんでくれていると思います」

いま大法寺の本堂で観音さまは、金箔まばゆく光り輝いている。

大正五年石川県出身の紺井英応がこの地に説教所を設置したのをもって開創とする。紺井はその年の暮、谷川隆水を後任者にすえると、稚内へ新寺建立を目指して去っていった。谷川もまた一年もとどまることなく翌年には北見へ去った。

説教所の無住状態をなげいた信者たちは、旭川市真久寺住職久志卓動に後任者を依頼、久志は根室清隆寺住職細川卓静に管理をまかせた。大正七、八年頃ごろのことである。基盤をかためた卓静は一年で根室に帰り、弟子の細川憲栄を後任者として管理の任に当らせた。

憲栄は寺号公称をめざしてよくつとめ、本山智積院より弘法、興教両大師像の下付に引きつづいて大正八年本尊不動明王を下付された。大正十一年七月十九日寺号公称を得、昭和三年御大典記念に新四国霊場を境内にお祭りした。大法寺では第一世を細川憲栄としている。

根室清隆寺住職細川卓静の遷化により、昭和十五年、憲栄は後任者として後を継ぐべく清隆寺へ帰り、代りに清隆寺にいた田邑憲静が大法寺二世住職を拝命した。現本堂は昭和六十年の建立。

年中行事に元朝護摩、初護摩、節分、春秋彼岸、新四国八十八箇所お山開き（正御影供をかねる）、盆施餓鬼、報恩講などがある。生真会は町内檀信徒有志で構成される奉仕団体で、法要の世話など外護活動をしている。

中頓別は明治三十年ごろから兵知安川《べいちあんがわ》流域の砂金採取で栄えた時代があった。基幹産業は酪農と林産、地下資源として石灰岩があり石灰肥料を生産している。町内の旭台には石灰岩や貝化石で堆積した北海道指定天然記念物の鍾乳洞や軍艦岩がある。

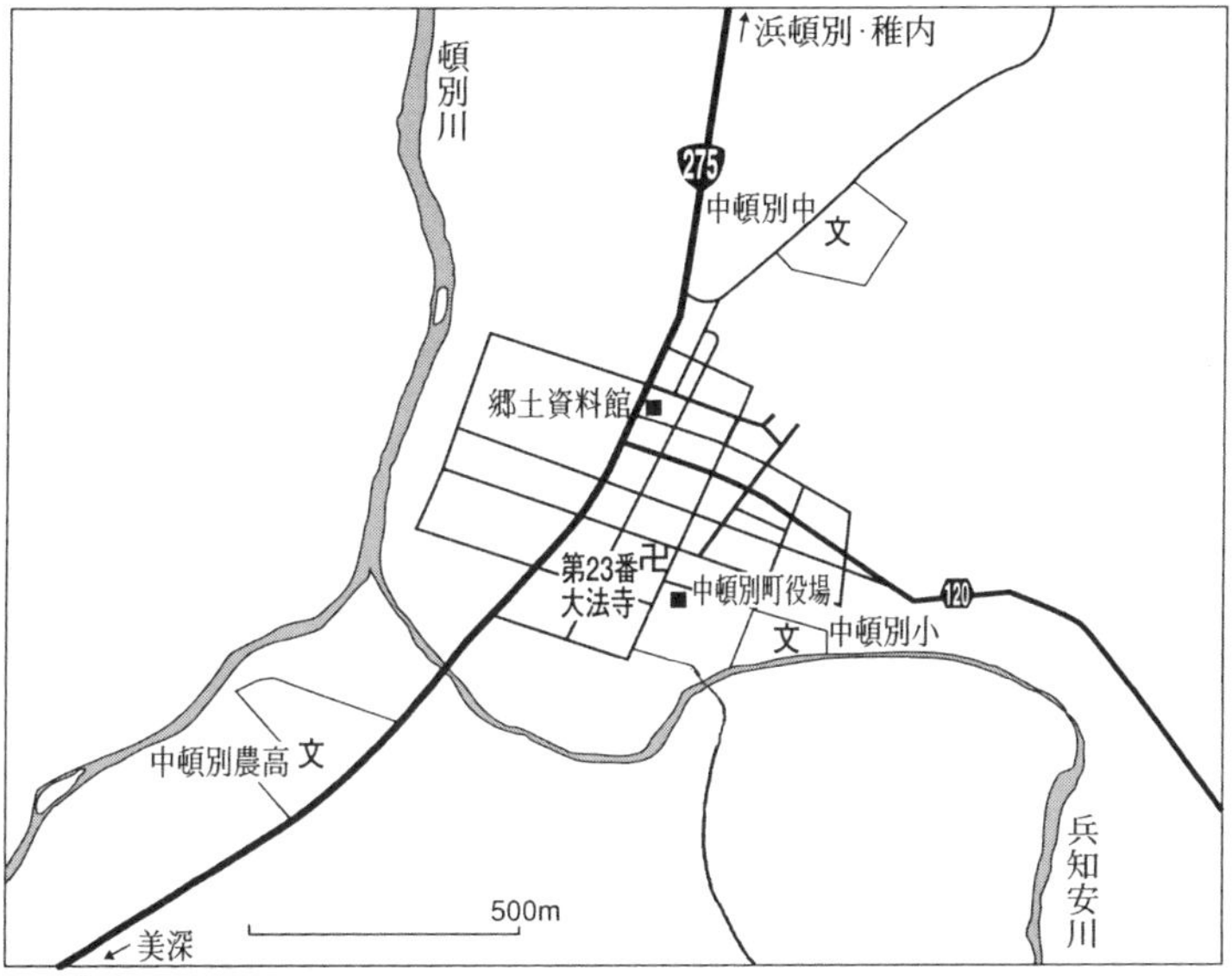

第二十四番

大悲山弘道寺《だいひざんこうどうじ》（高野山真言宗）

〒093-0041 網走市桂町二丁目三―一

☎〇一五二―四三―二四二〇

本尊　大日如来

霊場御尊体　二臂十一面観世音菩薩

〔御真言〕オン・マカキャロニキャ・ソワカ

〔御詠歌〕桂丘朝日《かつらおかあさひ》にまがう観音《かんのん》の　慈悲《じひ》の光《ひかり》は永久《とわ》にかわらじ

古老たちの言い伝えによると、明治二十七年ごろには弘道寺の前身にあたる草庵がむすばれていたという。高野山増福院の徒弟中畑真雄がこの地を開教視察の目的で巡錫、明治三十四年寺号公称を認可されたと寺歴に記されているが、おそらく明治二十七年ごろの結庵も彼ではなかったかと書かれている。

その後病いにたおれた中畑真雄に代って富山県出身の豊沢弘盛が二世住職となる。四十四歳の弘盛は積極的に教線を拡張したことを記録にとどめている。明治三十八年二月に開基中畑真雄が遷化するが、弘盛が未だ住職になっていないころの記録がある。

その後主任者なく三十有余戸の檀徒のみ

弘道寺本堂（手前）と霊拝堂

にして、寺内部の造作に至らず経営甚だ困難の折柄、同年三月拙僧檀徒有志の求めに応じ入寺以来開基の意志を継承し寺門の興隆を計り、諸般の整理及び檀信徒の拡張に務め、現在一百有余に至りすすんで付近に三箇所の説教所の新設のため企図致しつつあり。

檀家もふえ説教所開設を計画するなど、一見威勢はよいが内実は大変だったらしく、本山からの宗費十一円七十二銭の徴収令状に対し減免願を提出したらしく、明治四十四年五月三十日付の控がのこされている。内容はほぼつぎのごとくである。

「宗費賦課について。表面の事情と内容と相反していることを知ってほしい。先住の中畑真雄師が重病で三ケ年伏せって多額の費用がかかった。寺の基本財産のごときも寺号公称に要する庁令規程に合わせた表面上のことで、内実はそれにともなっていない。寄付もそれほどでないので宗費を半分に軽減してほしい」

本山はたんに末寺の書類に記載された基本財産、檀家数のみをみて、機械的に宗費の取り立てをおこなったようであるが、北海道にあっては〝寺号公称〟を急ぐあまりとくに檀家数においてはサバを読んで規定に合わせる寺院が多かった。ひとり弘道寺だけでなく宗費の免除を願い出る寺も、明治から大正にかけてじつは多くあり、北海道開教の苦難の時代を物語るエピソードである。

現在は本堂、会館、庫裡が新装され、幼稚園も桂、つくしケ丘、潮見と三園経営している。年中行事のほか、毎月第一日曜は午前九時より「日曜礼拝」がおこなわれ、住職の説法がなされる。また五月と十月には「朝がゆ」のお接待がある。

阿彌陀如来像（高村光雲作）

網走市を中心に「網走国定公園」が広がり大

小七つの湖沼群と、それらを取りまく砂丘、草原の茫漠とした北方的な風景が展開し、冬の流氷見物も入れて年間観光客は約四〇万人といわれる。

寺宝に高村光雲作と伝える「阿彌陀如来像」が所蔵されている。

境内に立つ大師像

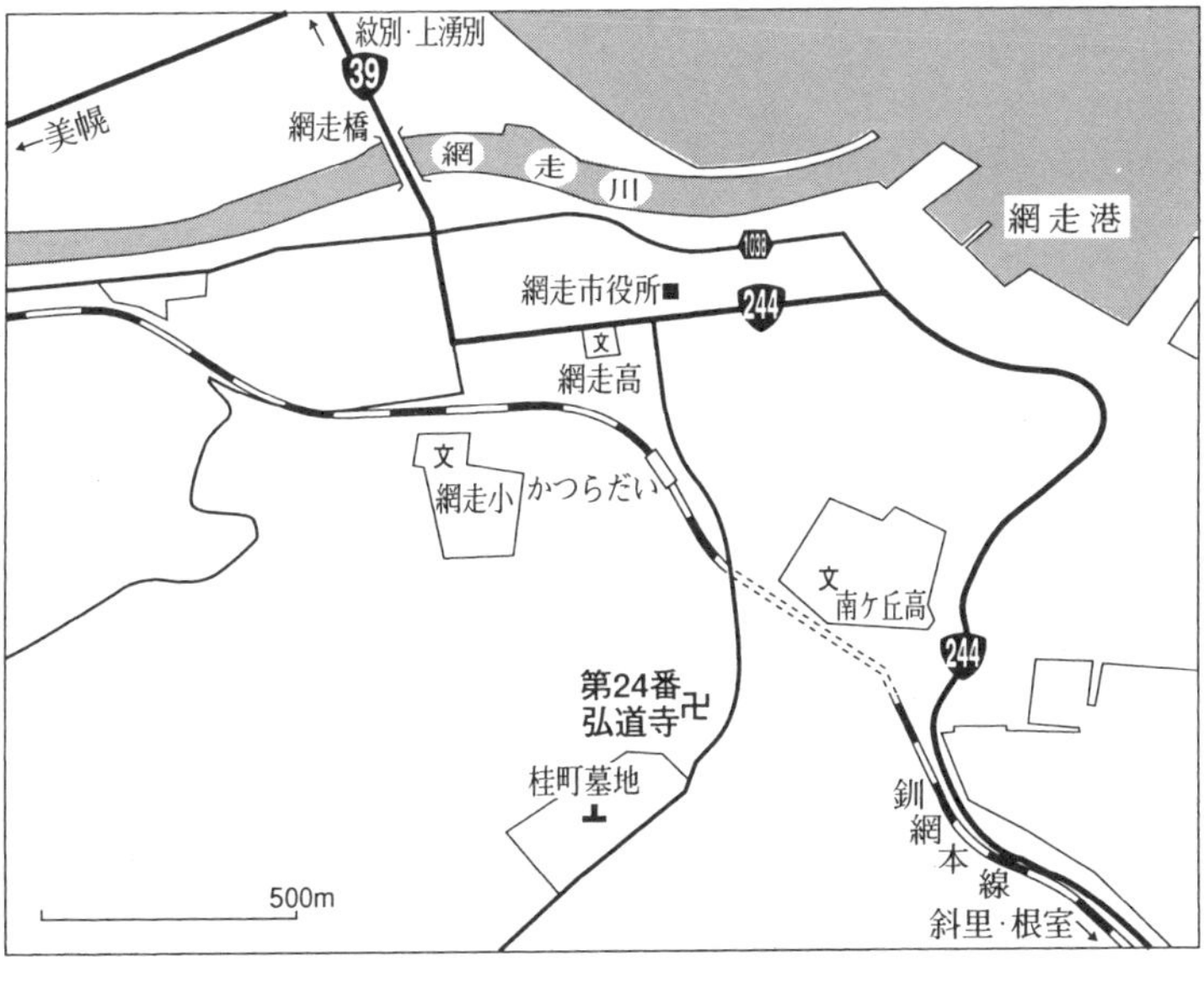

第二十五番
注連山宝珠寺《ちゅうれんざんほうしゅじ》（高野山真言宗）

〒099-6322 紋別郡上湧別町字北兵村三区九二の一
☎〇一五八六―二―二三一九

本尊　弘法大師
霊場御尊体　千手観世音菩薩
〔御真言〕オン・バザラ・タラマ・キリク
〔御詠歌〕ありがたや高野《たかの》の山《やま》の枝茂《えだしげ》り
　　　　ふかき恵《めぐ》みの寺《てら》をおもえば

国道二三八号線のオホーツク海側、田園地帯の真ただ中（国道ぞい）に赤い屋根の本堂がみえる。

徳島県板野郡泉福寺の住職米本龍巌は、北海道開教を志し明治三十九年二月十四日、単身小松島港より移住民にまじって北海道に向かった。北の大地に法をひろめる意欲に満ちた二十八歳の青年僧である。

宝珠寺には龍巌がそのときもちいた、板野郡役所の発行した「北海道移住民汽車賃汽船賃割引券」と記した切符がのこされている。むろん片道切符だ。余白に「北海道移住民タルコトヲ確認シテ此券ヲ下附ス」とあり、内務省や徳島県の役所の判が所狭しと押され、行き先は「北

宝珠寺本堂

海道後志国《しりべしのくに》忍路《おしょろ》郡忍路村行」となっている。船は暗雲たれこめる厳冬の日本海を北上したことだろう。船中、不安と期待をない交ぜにした移住民の姿が、龍厳がのこした一枚の切符からしのばれるのである。

龍厳はニシン景気に沸く、日本海の忍路あたりに寺を設けたかったが、経済的地盤の固まった土地はすでに寺院があり、教線が充分にひろまっていた。やむなく龍厳は親戚をたよってオホーツク沿岸の渚滑《しょこつ》へ向かった。まだこのあたりの開拓民の住居は笹小屋が多く、龍厳もわずかな蓄えから笹小屋をきずいたが、まもなく火事になって四国から持参した仏像、仏画、法衣などを焼失、わずかな路銀も熱に溶けてしまった。それでも開教の念やみがたく、近くの真言宗の寺から法衣を借用し、オホーツク沿岸を南下した。

　途中雨宿りのため立ち寄った湧別村四号線の駅逓（約二〇キロメートルおきに設けた官営の宿泊所）で近在に真言宗の寺がなく困っているとの情報を得ると同時に、客のひとりからこのあたりに寺を建立してくれぬかと懇請を受ける。そして渚滑に帰って待つこと一年、迎えの者がきてついに、明治四十二年八月、上湧別屯田市街の民家を借り、高野山真言宗湧別説教所を設置したのである。

　大正元年、現在地に移転。大正十年、現本堂が落成した。

　一寺を建立した龍厳は昭和三年八月十六日、盆の施餓鬼の最中にたおれ、ついに故郷に帰ること能わず、同月三十日、五十歳をもって遷化した。

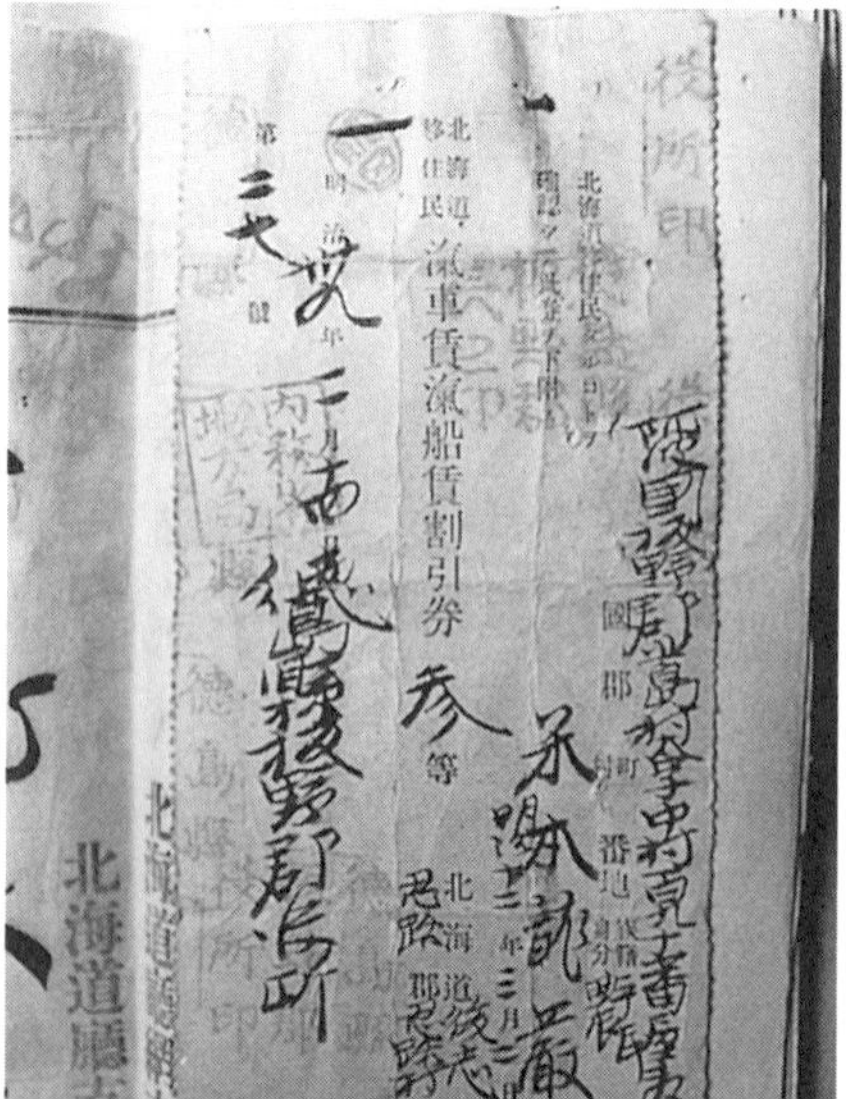

渡道のさい龍厳の所持した切符

　山号の「注連山」は三区七号線の屯田五中隊が寺の住所の近くにあったことから、吉数七五三を七五三飾りすなわち注連《しめ》飾りに、語呂合わせをした結果だという。

　数ある行事のなかでも、護摩祈祷による節分会には近郷近在から多数の信徒がつめかけ、参詣者にお接待がふるまわれる。ことに自転車など豪華景品が当たる「福ひろい」が人気一番である。

　地理的には網走、紋別を結ぶ国道二三八号線と、旭川へ向う国道二四二号線の分岐点にあたり、近くにはサンゴ草群生地や帆立貝の養殖で知られる名勝サロマ湖がある。

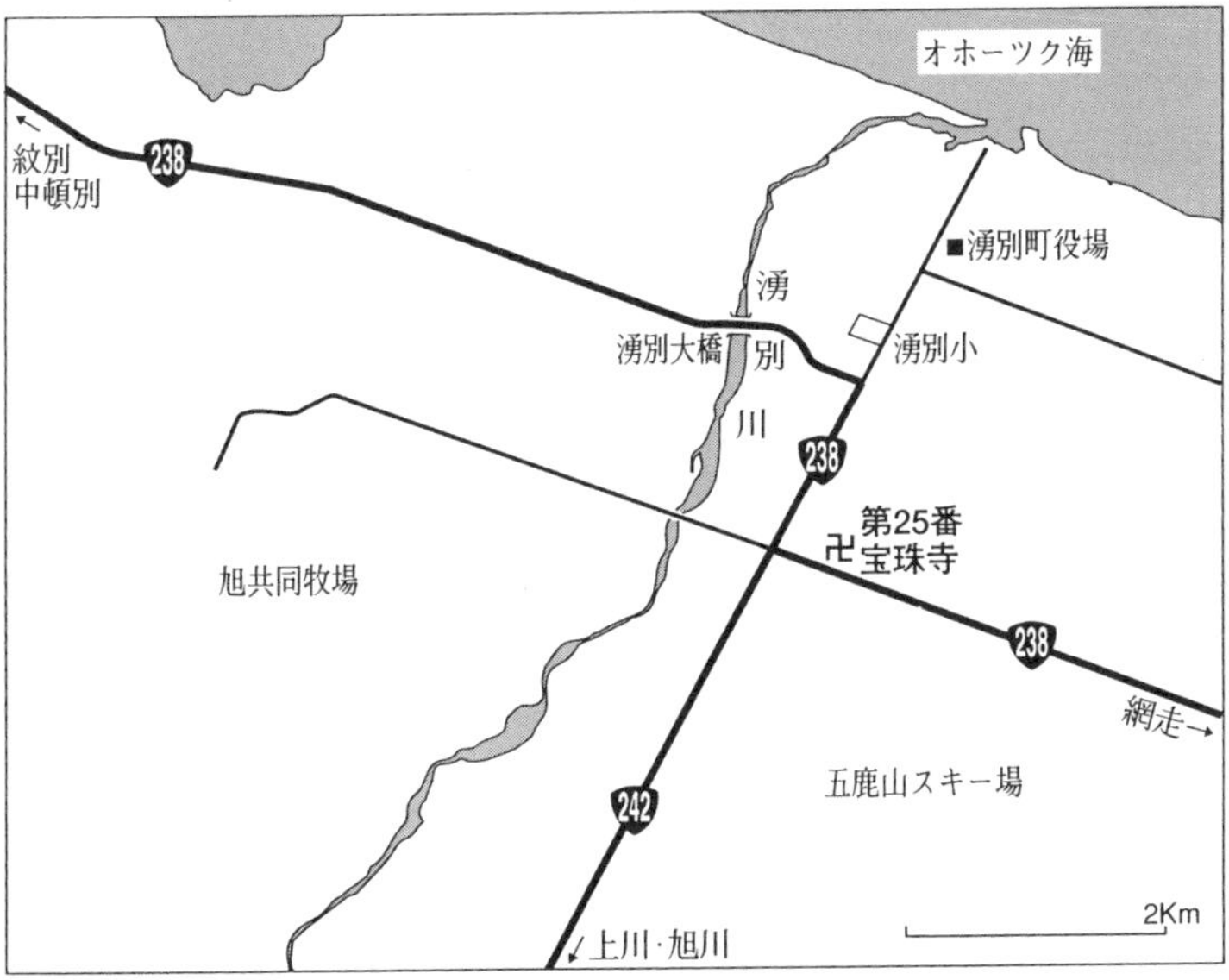

第二十六番
密乗山大日寺《みつじょうざんだいにちじ》（高野山真言宗）

〒094-0006 紋別市潮見町一丁目三―三四
☎〇一五八二―三―二〇三九

本尊　大日如来

霊場御尊体　聖観世音菩薩

〈御真言〉オン・アロリキャ・ソワカ

〈御詠歌〉おとろおとろオホーツク海《かい》もなり響《ひび》く　法《のり》のみ声《こえ》と聞《き》くぞうれしき

二か月半におよぶ流氷の季節を終えると、オホーツク沿岸に遅い春が訪れる。大日寺では毎年五月二十五日に八十八箇所霊場の山開きの大法要をおこない、近在から訪れる多くの参詣客でにぎわう。

五月二十五日（大正二年）は奇しくも、観音霊場御本尊聖観世音の入仏の日でもあり、開創功労者山本ラクの写った当日の貴重な写真が大日寺に保存されている。

開基上林龍恵は愛知県海東郡の人。十五歳で得度ののち総本山京都智積院道場において、宗学の研鑽を積む。明治三十四年十月、網走を経てこの地にて布教を開始するとともに、高野山

大日寺本堂

大師教会紋別支部として認可を受け、布教の基礎を確立した。大正十一年には樺太（現サハリン）豊原町に説教所を設立して支部長に就任、のちに高野山系統では豊原一の大坊といわれた新高野山弘法寺の基礎をきずいた。

龍恵は生来寡欲恬淡《かよくていたん》、檀信徒を導くに「忍を織って衣となし、慈悲を覆いて宅と為す」帰依もっとも厚き上人といわれた。御布施をもらっても困った家があればすぐにやり、前の家でもらった御布施は次の家の子どもの小遣いにやってしまうありさまだった。ある檀家のひとの語り草に「うちの御布施より、子どもにもらうお小遣いのほうがはるかに多かった」と言われるぐらいだから、寺族はたいへん苦労が多かったようだ。

龍恵は昭和五年、世寿六十三歳をもって遷化するが、檀信徒らは連年の凶作水害の不況にもかかわらず、上人の偉徳をしのぶため浄財を拠出し、丈余の宝篋印塔を境内に建立した。なかなかの酒豪でもあったから、葬儀の日には酒樽が門前にならべられ、道往く人にふるまわれたという。

第二世上林大真も開基龍恵に似て無欲の人で、教化事業につくし「十善会」を創設、文書伝道誌月刊『十善』を発行、広く道内各地に配布されていた。ほかにこども部、青年部、伝道部、奉仕部の各部門を設け布教活動に邁進、オルガンによる音楽布教を試みるなど当時としては斬新な方法をとった。

本尊大日如来は新潟県から請来されたもので、

寺宝の地獄絵図

創立当時新潟から京都へいき金箔《ぱく》を張り直して入仏した。ほかに二幅の地獄図が寺宝として所蔵され秀作である。

大日寺の裏手にある「紋別公園」からは港が一望でき、晴れると知床連峰をのぞむことができる。かつては漁港としてにぎわったオホーツクのまちも、いまでは流氷のくるまちとして有名になり流氷研究国際都市として海洋開発を推進している。昭和六十一年から流氷の接岸期に開催している「北方圏国際シンポジウム」では北方圏に関する研究技術の情報交換の場として成果が期待されている。

本堂前の数本の大木に北海道開拓期のうっそうたる原野の面影をしのぶことができる。

第二十七番
高野山最北大師真言寺《こうやさんさいほくだいししんごんじ》（高野山真言宗）

〒097-0022 稚内市中央五丁目一一番二一号
☎〇一六二―二三―四八四六

本尊　大日如来
霊場御尊体　如意輪観世音菩薩
〈御真言〉オン・ハンドメイ・シンダマニ・
　　ジンバラ・ウン
〈御詠歌〉日《ひ》の本《もと》の最北《さいほく》護《まも》る真言寺《しんごんじ》
　　氷雪《ひょうせつ》に耐《た》え春《はる》を待《ま》つなん

真言寺は日本最北の真言宗寺院である。

大正十年加持祈祷をよくした伊藤セツが市内本通三丁目に、弘法大師教会を開いたのが真言寺のはじまりである。

大正五年中頓別の説教所（二十三番大法寺の前身）を辞めて稚内にきていた紺井英応が、高齢で内地に引きあげる伊藤セツのあとを受けついで、市内港町四丁目に大師教会をもった（大正十二年）。紺井英応は石川県珠洲郡宮崎村清水寺住職紺井旭応の三男に生れ、長じて大正二年同県熊野村松尾寺の住職となった。北海道開教を志す英応は大正五年二十七歳のとき、松尾寺の後任を安田信浄にまかせると同年五月中頓別の地に来錫、説教所を開くのである。

真言寺本堂

稚内の地にあって紺井英応の努力が実り昭和九年寺号公称の認可を受け、十一年現在地に移転、霜三十九年本堂庫裡を新築した。戦争前は真言寺でわらじをはき替え、新しい開教の地をもとめて、樺太へ多くの僧が渡っていったようである。渡航の僧の面倒をよくみたらしいことは、紺井の没後、生前の紺井に世話になったと寺を訪れる僧がたびたびあったことで推測できる。

紺井英応が高齢で昭和四十年に引退、同年十一月中富良野町弘照寺（十七番）から岩田光喜師が着任した。光喜師はその年の七月二十四日に下見にきた稚内が、夏だというのに寒かったのをおぼえているという。

じつは二十七番の観音さまは新しく造顕された仏さまで、本来の山本ラクが寄進した像はどこへいったかわからない。もちろん霊場開創の大正二年には、真言寺がはじまっていないので真言寺でない別の寺院に安置されたらしい。ただひとつの手がかりは深川市真言寺（十三番）の古い資料に「二十七番稚内港観音寺」とあるだけである。しかし観音寺は過去も現在も存在せず、それらしい稚内近郊の真言宗寺院に当っても観音さまはついに消息がつかめなかった。

不明の観音さまについて岩田師はつぎのように推理する。「観音寺と称するお寺に当時観音さまが入仏したとすれば、おそらくそのお寺自体が樺太へ移ったのではないでしょうか。大正から昭和初期にかけては樺太の景気がよく、稚内は樺太航路の連絡港として多少栄えましたが、あくまでも通過地点にしかすぎず、人びとは樺太に新天地をもとめたようです。〝観音寺〟も樺太の将来性を考え教線の拡張をはかるため、住職とともに観音さまも宗谷海峡を渡ったのでしょう。稚内はむしろ終戦後引き揚げ者で人口が増え、米軍基地ができるなどで栄えたというべきで、戦前ならやはり樺太で新寺を建立したくなるのは順当な考え方だと思います」

最北大師の寺旧本堂

岩田師はこのたび二十七番の新しい「如意輪観音」を京都の有名な仏師長谷法寿氏に彫ってもらい、昭和六十三年四月二十六日、檀信徒参列のもと入仏式をおごそかに執りおこなった。

年中行事は星供、春秋彼岸、正御影供、お盆施餓鬼、土砂加持（本山布教）、永代経などのほか毎月十八日午後七時から九時過ぎまで勤経と法話の集いをする「真言会《まことかい》」があり、正月と八月は家族同伴の懇親会をおこなう。お盆の万灯会は、灯籠流しが海水汚染で禁止となり、境内でお盆の期間中寄進された紙の灯籠に灯を入れて先祖の御供養をするものである。

稚内は北辺のまちとして四季を問わず観光客でにぎわい、史跡も多くノシャップ岬や宗谷岬など観るところが多い。

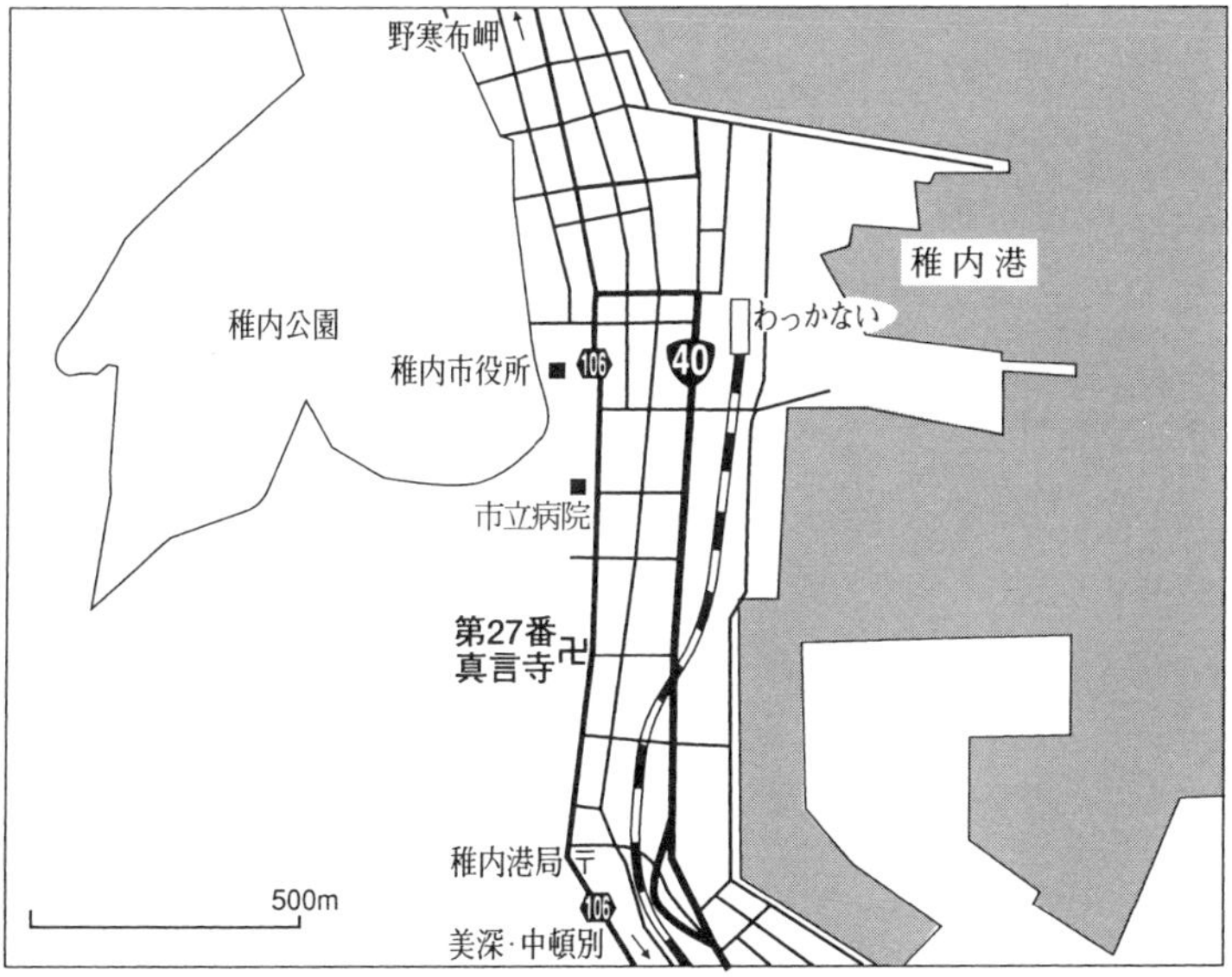

第二十八番
天《て》塩《しお》山《ざん》弘法《こうぼう》寺《じ》（高野山真言宗）

〒098-2362 中川郡美深町字大手一九二
☎〇一六五六―四―一四一四

本尊　弘法大師
霊場御尊体　聖観世音菩薩
〔御真言〕オン・アロリキャ・ソワカ
〔御詠歌〕願《ねが》いなばいずれもかのうみ仏《ほとけ》は
天塩《てしお》の山《やま》の峰《みね》に宿《やど》らん

弘法寺は国道四〇号線を美深《びふか》町の市街から稚内方向へ約十キロ北上した国道沿いにあり、石狩川につぐ北海道第二の河川天塩川を左右にみるあたりである。北海道にある河川のなかでも天塩川は汚濁のすすまない、原始性に富んだ清流という意味で全国でも数少ない一級河川である。

寺は国道の西側にあって、むかしのままのひっそりとしたたたずまいをみせている。本堂は明治三十九年の建立で創立当初のままである。北海道の寺院のなかでも開創当時の本堂がそのままのこされているのは、きわめてめずらしく、貴重な存在といえよう。

開基住職服部智信は徳島県小松島町地蔵寺二

弘法寺本堂

十四世で、この地域に入植した徳島県人の強い要請で一寺建立のため来錫した。当寺の記録によると明治三十九年四月に来道し、同年十月三十日根雪を前に本堂を完成させているから、檀信徒の創立への意欲の強さと、厚い信仰のほどがしのばれる。

服部智信は開山に当って自坊の地蔵寺より弘法大師像と千手観音像を請来した。弘法大師像は弘法寺の本尊として安置されているもので、江戸中期の作と思われる。千手観音は総丈七八センチ（身丈四十センチ）と小ぶりだが、精巧な彫刻技術と美しい色彩に感嘆する人が多い。観音像の光背に、小松島の七条六右衛門とその妻が安産祈願が成就した御礼に奉納したとある。文化二年（一八〇五）京都大仏師塩釜浄而法橋の作、開眼導師は地蔵寺法印宥金とくわしく記されている。

創立は服部智信の明治三十九年着任をもってしているが、智信はその年の十一月自坊に帰った。智信は北の大地の天塩の地に〝説教所〟を滞在七ケ月で建立、布教の基地作りをし早々に引きあげる役割をになったのである。

明けて明治四十年春、地蔵寺の末寺福成寺住職坂東興英が後任に来住、大正三年まで勤め、より生活に便利な美深町二条通東一丁目高野山大師教会へ去った。この坂東興英の時代に観音霊場の御尊体がここに安置されたわけだが、興英は正確な入仏年月日を寺の記録にとどめ、のちに『大日本寺院大鑑』にも記載されたため、霊場開創の年を知るうえでの重要な証拠資料の

開創時代をしのばせる旧本堂

ひとつとなったのである。それはつぎのように記されている。

「安置仏像新西国三十三所観世音霊場の内第弐拾八番聖観世音木像は大正二年十月二十三日徳島県板野郡七条村山本ラク殿の奉納仏」

弘法寺南方二キロの恩穂山《おんぼさん》の新四国八十八箇所石仏、三十三箇所石仏は三世林恵浄の代に造顕、各仏像は現地の山石に彫刻されためずらしい尊体である。

美深町の南北をはしる天塩川の沿岸は肥沃な農耕地で、ビート、ジャガイモなどを産する畑地と牧草地がひろがる。森林が町面積の八〇パーセントを占め、造材、製材業がさかん。大規模稲作の北限地帯。近くに美深温泉があり、キャビアの養殖をしている。

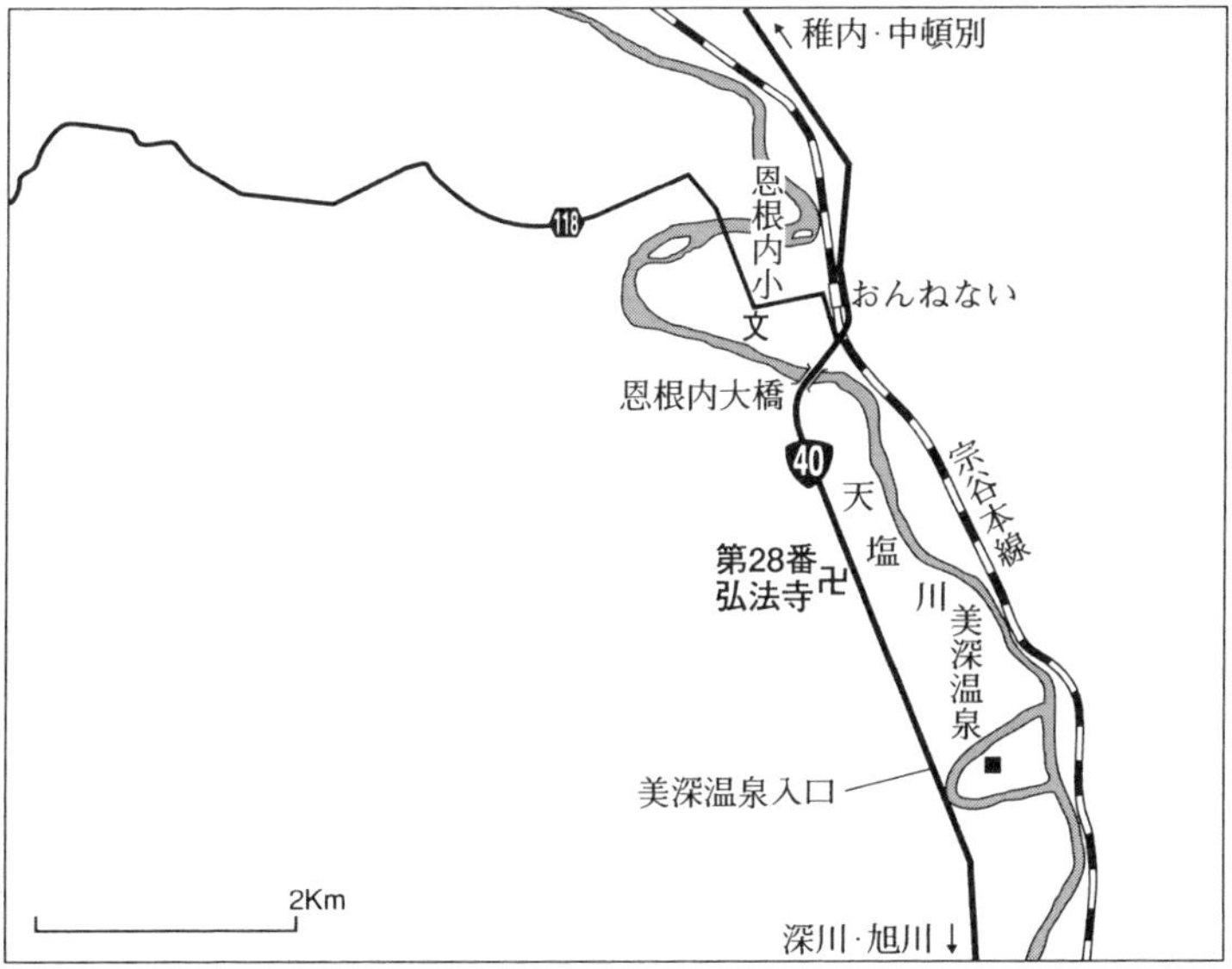

第二十九番

静《せい》澄《ちょう》山《ざん》龍《りゅう》徳《とく》寺《じ》（高野山真言宗）

〒056-0016 静内郡静内町本町四丁目三—一
☎〇一四六四—二—〇五〇三

本尊　大日如来
霊場御尊体　馬頭観世音菩薩
〔御真言〕オン・アミリトウドハンバ・ウン・ハッタ・ソワカ
〔御詠歌〕健《すこや》かに育《そだ》てと祈《いの》る若駒《わかこま》に　汐《しお》の
香《かおり》よ日高路《ひだかじ》晴《は》るる

かりに札所を番号順にめぐるとすれば二十八番と二十九番の間がもっとも距離が長く、なんと二八三キロにもおよぶ。札所間の距離が長いのは北海道らしくもあるが、そのなかでもここは別格である。おまけに三十番のある富川町を三七キロも通り越しての二十九番となると、一本道の日高海岸なのになぜ札所が逆なのかと疑問がわいてくる。

ところが、それにはわけがあった。

静内には古くから御料牧場があり、馬産地として栄えていた。忿怒像馬頭観音は霊場中ただ一体二十九番だけ、馬産地静内の名誉にかけて檀家の衆が、馬頭さん「誘致」に拍車をかけた

山門より望む龍徳寺本堂

結果なのである。

龍徳寺は明治四十二年、大阪の宝珠院から招かれた仙田梁応（富山県氷見出身）によって開かれた。しかしそれ以前に、北海道でよく開く「旅の独り坊さん」によって布教がなされていた気配がある。名前をのこすことなく、短期間のうちに去っていく、明治の「高野聖」のことを、北海道では旅の独り坊さんと言い伝えたのである。もっともこれはひとり真言宗にかぎらず全宗旨に当てはまる事象なので、高野聖よりも「旅の独り坊さん」のほうが適切なことばであろう。

その間の事情を、現住職郷司仁澄師はつぎのように語られる。

「明治二十九年に越後の坊さんがきていたらし

いが、名前も何もわかりません。ところが二番目のひとは、ホリケ、あるいはホリイエという坊さんで、この方が明治三十七年に庫裡を建てています。昭和五十一年に解体した庫裡の棟札に明治三十七年とありました」

たぶんこの坊さんのものと思われる、雪にまつわるエピソードをひとつ。

「先代（仙田粱応）の前の坊さんのことで、名前はよくわかりませんが、この坊さんの頭の傷は法事へいった折、途中で馬そりがひっくり返り、坊さんが雪のなかに埋まってしまって、やむなくスコップで掘り出すとき頭に傷をつけてしまった。もったいないことをしてしまったと、檀家の人が話しておりました」

もうひとつ先代の住職から郷司師が聞いた苦労話。

「交通機関のまったくないころで、檀家が静内、新冠両郡《にいかっぷ》にまたがって広範囲なため、馬産地らしく馬にまたがって檀家を回ったそうです。むかし本堂建築に多額の寄付をした人が、現在檀家になっていないので、そのことを老僧にたずねますと、その家の法事に、道がろくにないころとて馬に乗って川伝いにいったところ、帰りは雨でひどく増水し、道産子《どさんこ》（ニシン漁の閑期に放置され野性化した南部地方原産の小型の馬）も衣《ころも》も自分も流されて命からがら帰って来た。以後その家へはいかなくなったそうです。朝早くから馬の飼料の草を刈るなど、それは苦労があったようです」

開拓期における檀家回りには、各地でこのよ

龍徳寺山門

うに道産子が坊さんの手助けをした。ことに馬産地の静内あたりになると、さすが馬の利用も多かったにちがいない。北海道の農村を歩くと「馬頭観音」と刻んだ石碑をよく目にする。機械化の前は農耕馬が北海道農業の主役であったから、農民の馬にたいする守護と鎮魂の念は厚く、馬頭信仰をいっそう高めていったものと思われる。

龍徳寺の馬頭観音を信仰すると、競馬に勝つといわれ、馬主らの信仰が厚い。

昭和五十二年に庫裡・会館を新築、昭和六十二年に山門が落慶、開創期の本堂は平成七年に類焼し十一年現本堂が完成した。

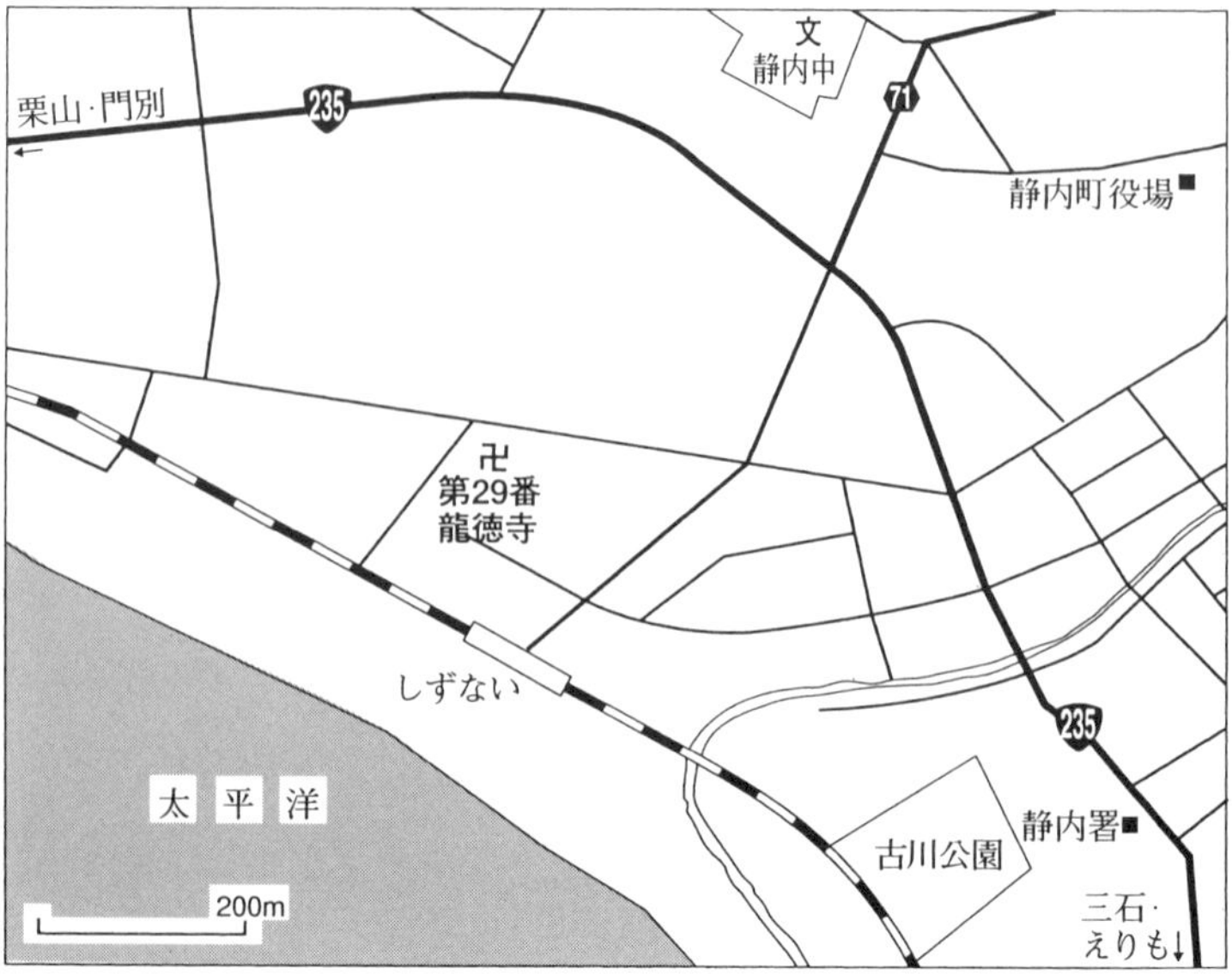
文
静内中
栗山・門別
235
71
静内町役場
卍
第29番
龍徳寺
しずない
235
太平洋
古川公園
静内署
三石・
えりも
200m

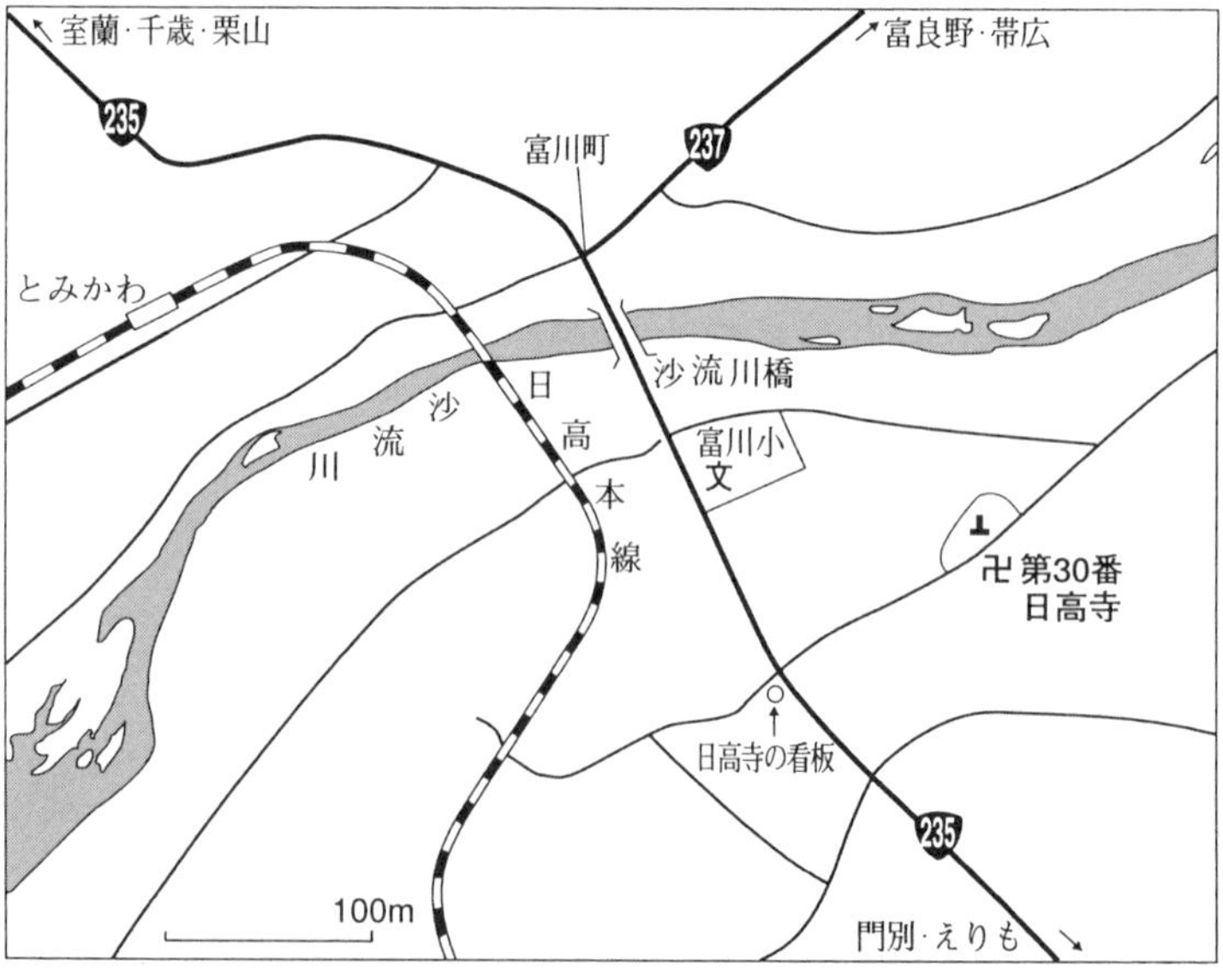
室蘭・千歳・栗山
富良野・帯広
235
富川町
237
とみかわ
沙流川橋
日高本線
沙流川
富川小
文
卍 第30番
日高寺
日高寺の看板
235
100m
門別・えりも

第三十番
高野山日高寺《こうやさんにっこうじ》（高野山真言宗）

〒055-0004 沙流郡門別町富川東二丁目九〇五―一
☎〇一四五六―二―〇一七九

本尊　大日如来
霊場御尊体　千手千眼観世音菩薩
〔御真言〕オン・バザラ・タラマ・キリク
〔御詠歌〕み仏《ほとけ》の無辺《むへん》の功徳日高寺《くどくにっこうじ》　詣《まい》る
我《われ》らを導《みちび》き給《たま》う

明治四十三年、香川県出身の琢磨宥文が、この地に説教所を建立したことをもって開山とする。

創立当時のようすを第二世住職の琢磨宥性師にうかがった。

「父（宥文）は明治四十一年四十歳のとき、北海道開教をすすめられ、香川県からやってきました。おそらく笠谷霊海（亮昌寺）、原田智巌（高野寺）さんらのすすめがあったかと思われます。

現在の登別市幌別町の千光寺に入ったのですが、その頃はキツネやタヌキの出るところで、掘立小屋同然の大師教会であったらしい。どうにか一年過ごしたが、貧しさと寒さとに辛抱で

山門よりみた日高寺本堂

きず、子供も二人いたことですし、埼玉県の兄弟弟子の紹介で同県の延命寺へ入りました。この寺は檀家というものがなく、寺領から上る年貢と他寺の助法とで、なんとか食べていくお寺だったようです。ところがその年、大水害にみまわれ年貢がまったく入りませんでした。二人の子供を育てるのにこと欠き、再度北海道へ渡る決心をしたのです。」

さらにつづけて宥性さんは語る。

「こんど（明治四十三年）はサルフト（現富川町）を紹介されたのです。ここもやはり雨露をしのぐていどの小屋があって、坊さんがきても一週間か十日くらいでいなくなるほどでした。このころ真言宗の説教所は、この広い日高の国に静内と三石と、このサルフトの三箇所しかなく、鉄道も開通していないありさまですから八、九里離れた振内《ふれない》や貫気別《ぬきべつ》へは歩いて檀家回りをしました。

子供のころ、父親の顔をみることがないんですよ。朝早く出て晩遅くに帰るし、遠出をするとついでに何軒も檀家を回ってくるから、一週間は帰ってきません。お寺と名のつくのは、この近辺でうちしかないから、各宗論ぜずお参りするわけです。そうですね、この町でうちのつぎにできた寺は、真宗大谷派の昭和二年になります。

開拓期の農家のほとんどが掘立小屋で、床がなく、土間に直接むしろを敷いて、真ん中に炉を切って丸太ン棒をくべる。窓はないから換気が悪く、部屋のなかは煙で煤けて真黒だったらしい。家の戸口はむしろを一枚ぶら下げてあるだけなので、仏壇の前でお経をあげていると、冬でも放し飼いの馬が部屋に入ってきて、肩越しにのぞかれたりしておどろいた、といってました。

交通機関はまったくありませんから、夜間の用心のためいつも小田原提灯《ちょうちん》と、予備のわらじ二足を腰に下げてよく歩いてました。とくに冬は大変だったようです。

父は八十六歳で亡くなりました。ことし（昭和六十三年）は三十三回忌に当ります」

馬といえば、すさまじい話を聞いたことがある。ある開拓者の話である。冬のある朝、あまりの寒さに目が覚めると、屋根（天井のない家）から馬が顔を出している。おどろいて外へ出てよくよくみると、空腹のあまり馬がわらぶき屋根に上って、わらを食べてしまっていたのである。馬を屋根から下ろすのに往生したという。開拓期は馬もひとも、等しく飢えていた。これは十勝地方に入植した昭和の開拓農民の実話である。

日高寺の檀徒にはいまだに「お大師講」のグループが四つあって、八十八年（昭和六十二年）におよぶ活動をつづけている。お大師講とは、大師信者が部落単位に集まって毎月十五日（大師誕生の日）または大師入定の二十一日に、信仰の集いを持つ民間信仰で、十四、五軒がグループになって各家を交代で会所とする。とくに北海道では真言宗の寺院がない時代に、お大師講を開いてつらい生活の心の支えとしたのであった。

ちなみに日高寺の歴史が、昭和六十三年で開創八十周年だから、たしかに寺の歴史よりも古く、寺の開創の前にお大師講があって、お大師講で地ならしされたところに、僧侶がやってきたという大方のパターンの見本的な例といえるだろう。各地のお大師講が、寺院の充実と交通の発達により、寺参りもしやすくなって消滅するのだが、いまだにつづくお大師講の存在は貴重である。

裏山の八十八箇所霊場は大正十五年の建立で、約一時間で巡拝することができる。

現本堂は昭和五十年、庫裡と山門は昭和六十一年の建立である。正御影供山開き、施餓鬼、永代経等の法要に多数の参詣がある。

第三十一番

三石山円昌寺《みついしざんえんしょうじ》（高野山真言宗）

〒059-3231 三石郡三石町字本桐一三一
☎〇一四六三―四―二一五八

本尊　大日如来

霊場御尊体　聖観世音菩薩

〔御真言〕オン・アロリキャ・ソワカ

〔御詠歌〕ありがたや三石山《みついしやま》に雲《くも》晴《は》れて
遍《あまね》く照《て》らす有明《ありあけ》の月《つき》

三石町は「ミツイシコンブ」の町として、その名を全国に知られている。良質で煮コンブに適し、加熱後緑色がいちじるしい三石昆布は、この日高沿岸を主生産地とする。

円昌寺はＪＲ日高本線本桐《ほんきり》駅から、海岸とは逆に山側へ二キロほど入った小高い山の中腹に、静かなたたずまいをみせている。門前の樹齢百余年の赤松並木は、本州松の育ちにくい北海道においては貴重な樹木であるため、道の赤松指定林となっている。また同寺はつつじの名所としても知られ、花の盛りの時期には山門を入ると境内を埋め尽くすつつじの芳香に酔うことができる。

明治二十九年、三石郡各村の大師信者の懇請

左手に円昌寺本堂をのぞむ

によって、兵庫県三原郡（淡路島）薬王寺より藤江龍長が来錫し、ここに布教のための説教所を建てた。翌明治三十年、龍長は本山の内命により神奈川県大磯町円昌寺を兼務するが、同年五月、同寺を現在地に移した。むろん登記を移すことであり、内地から寺院を本道に移転するのは、他には例がないわけではないが、きわめてめずらしいことである。北海道へ移転した明治三十年五月八日をもって、現円昌寺の創立としている。

寺域は宅地風致林二八〇〇坪、山林八町歩におよぶ広大な面積を有し、このなかに大正元年開創の八十八箇所霊場が三キロの巡路に安置されている。寺院創立当時の信徒は七〇余名で、その大半が淡路出身者で占められ、この八十八箇所建立も大師信仰と同時に、はるか四国への望郷の思いがこめられていたようだ。自由の天地の北海道にあって、宗旨だけは「おらが国（出身地）の宗旨」を、みんなが頑なにもとめてやまなかった。

第二世藤江龍彰の代に庫裡も新築され、寺院整備の完成をみるも、昭和三十年四月、本堂庫裡を全焼した。大正二年に山本ラクが寄進した観音霊場御尊体の聖観世音も、そのとき焼失の憂き目をみたが、昭和三十三年に第三世として着任した小笹典之現住職によって、すべてが再建され、現在におよんでいる。焼失の聖観世音もさいわい篤信者により、早くに造顕されている。

境内には防火と景観を兼ねた貯水池が造られ、

牧場の先に円昌寺の山門が見える

中島に龍神をまつる堂が建立されている。寺院のずっと背後は日高山脈につながる牧草地で、軽種馬と乳牛の飼育がさかんなせいか、駐車場わきに獣魂碑が建っている。

年中行事もさかんで三月の涅槃会、四月の正御影供、七月の降誕会はとくに参詣者が多くにぎわいをみせる。

春は桜とつつじの名所、秋は紅葉の八十八箇所、トド松の森、赤松並木と眺望絶佳。「日高山脈襟裳国定公園」に近く、観光資源も豊富で自然環境にめぐまれた土地である。

しかし、風光の明媚さとは裏腹に北海道の自然の厳しさからはのがれがたく、寺域山上がたびたび強風の被害を受け、加えて浦河沖地震の多発にも苦闘せねばならなかった。

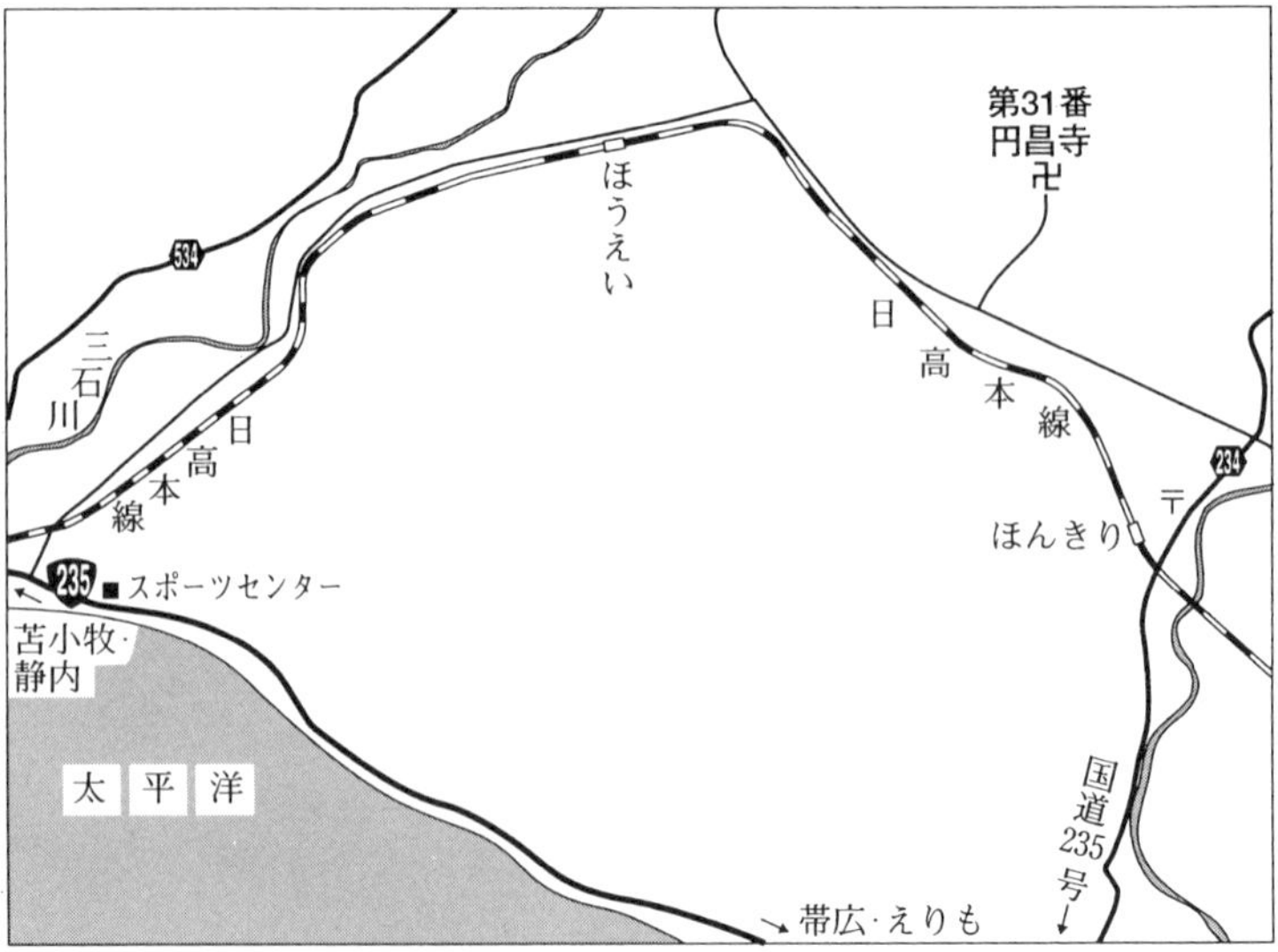

第三十二番
新高野山亮昌寺《しんこうやさんりょうしょうじ》（高野山真言宗）

〒049-5613 虻田郡虻田町字清水四一番地
☎〇一四二七—六—二五四二

本尊　秘鍵大師

霊場御尊体　千手千眼観世音菩薩

〔御真言〕オン・バザラ・タラマ・キリク

〔御詠歌〕はるばると札所巡《ふだしょめぐ》りて虻田港《あぶたこう》
　　　　大悲《だいひ》の風《かぜ》に晴《は》るる内浦《うちうら》

北海道の内陸部に住む人たちが、このお寺を訪ねて最初に発することばが「内地のお寺みたいですね」であるという。まず丘陵地の中腹に存在すること自体が、多雪地帯では考えられないことだし、なによりも建物が老樹に囲まれ森厳で「有り難い」からだ。

明治二十八年村山亮昌がこの地に草庵をむすび、弘法大師を安置したことをもって開創とする。亮昌は俗名を啓吉といい、新潟県新発田の出身、新発田藩の軽藩士であった。元治元年（一八六四）北海道に渡り、ニシンの千石場所で栄えていた小樽、高島、祝津で漁業をいとなみ、のちに樵夫となって生計をたてながらも、信仰の念が厚く、深く仏道に帰依し、ことに弘

石段の上の亮昌寺本堂

法大師を敬信していた。

明治二十五年虻田に移住、アイヌの家に身を寄せながら霊地をもとめていた。その間の事情を『大日本寺院大鑑』はつぎのように伝える。

当時虻田アイヌ酋長ワッカの宅に、弘法大師を安置信仰せるを、石井昌議の帰依厚く自ら檀主となり自己所有山林四町歩を寄付し、現在地に草庵を創立し、後石井昌議外五名創立総代となり……

寺歴では、石井昌議が先祖の追善供養のため自己の所有地三町歩余を寄進したとなっている。アイヌの助力を得ているあたりも興味深く、剛直をもって聞こえた啓吉の人柄を彷彿とさせる。ともあれ石井氏の寄進により、明治二十八年、亮昌寺の基をなす草庵がむすばれたのである。

さらに石井氏らが総代となり、明治三十二年、本山特派開教師秋山亮範が布教で来錫の折、亮範が寺号公称を出願し認可を得た。同年啓吉は亮範について得度し、亮昌と名のるのである。

一寺を建立する大業をなしとげた亮昌は、学問や修行の世界からは遠い人であった。しかし、仏道信仰の念はきわめて篤い人である。いわば北海道の寺院の開創の多くは、学問はなく修行も乏しくとも、亮昌のような人後に落ちぬ不退転の人を得てなされたといってよい。明治四十三年亮昌は六十五歳をもって遷化した。

同年石井昌議らは後任住職に、当時本山特派開教師として函館高野寺に駐在していた笠谷霊海を招請した。

霊海は富山県の出身、高野山大学林に学び、東大寺で真言天台学を修めた硯学で、大学林の教授の経歴があった。これほどの人物を北海道開教の任に当てたあたり、本山も北海道を教線拡張の地として大いに期待していたことがうかがえる。高野寺にあった二年半（明治四十一年から四十三年まで）北海道奥地を布教し大師教会拡張に猛進、函館に帰っては市内の知識人を対象に経論の専門講義をおこなった。明治四十三年十一月亮昌寺第二世として赴任するも、席の温まる暇なく、北海道宗務所学頭支所長に任ぜられ、後に高野山金剛峰寺執行、奥之院維那、金剛峰寺内侍長を歴任、寺内にあっては伽藍《がらん》整備をなし、修行道場をつくって僧侶の育成につとめる活躍ぶりだった。

本堂左余間の丈六の地蔵菩薩は霊海が入山記

念に、青森県恐山の桂の木で彫らせたもので、津軽海峡を筏にくくりつけて漁船で曳いてきたという。本尊の秘鍵大師は霊海のとき、本山から付興された仏像、鎌倉時代湛慶の作である。

節分、正御影供には大勢の参拝客がある。大黒天を祭る甲子《きのえね》講《こう》の集いも伝統行事として、欠かさずつづけられている。

裏山（新高野山）には明治三十四年創立の八十八箇所霊場があり、約一時間で巡拝できる。「観音堂」（昭和六十一年完成）は、北海道三十三観音霊場のなかで最初にできた巡拝者専用の礼拝所である。

境内はずれの見晴台からは、修行大師（昭和六十一年建立）とともに、内浦湾を眼下に望むことができる。洞爺湖に近い。

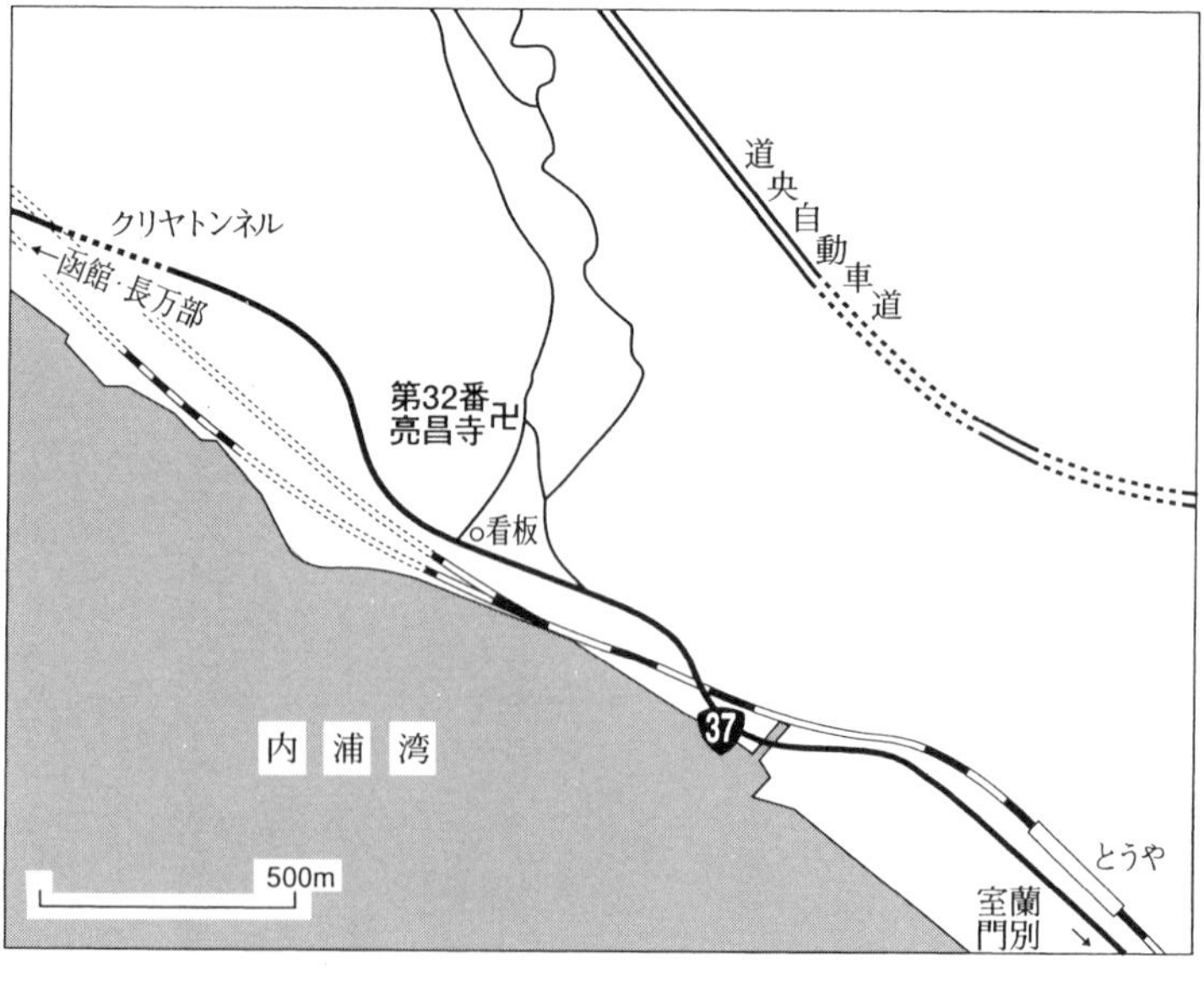

第三十三番
高野山大正寺《こうやさんたいしょうじ》（高野山真言宗）

〒051-0027 室蘭市沢町二一－六
☎〇一四三－二二－二〇九二

本尊　弘法大師
霊場御尊体　十一面観世音菩薩
〔御真言〕オン・マカキャロニキャ・ソワカ
〔御詠歌〕納《おさ》めおく願《ねが》いをここに大正寺《たいしょうじ》
法《のり》の波打《なみう》つ白鳥《しらとり》の浜《はま》

大正寺駐車場からさらに奥へ歩いて本堂左手の石段を登れるが、駐車場から下の道へもどってむかしからの参道を歩くほうが、ほとんど歩くところのない北海道の霊場としてはなんとなくありがたい。参道の石段を登り終えて後ろをふりかえると、白鳥湾と呼ばれる室蘭港を眼下に見おろすことができる。港につづく赤くさびた陸の空間は製鋼所跡で、かつて鉄のまちで栄えた名残りであり、現在は往時ほどの生産は無いが年間一八〇万トンの鉄を産出している。

開基松尾了山は西国三十三観音第二十九番松尾寺の出身で、明治三十七年三月本山の命により北海道開教の巡教使として来道、弘法大師の篤信者斉藤善四郎ほか四名の発起により、市内千歳街に約五十八坪の説教所を建立した。明治四十年ごろから製鉄所の溶鉱炉が稼働を開始し、それまで石炭の積み出し港と軍港の町だった室蘭は急激に人口が増えはじめ、了山は寺号公称のための教線拡張につとめた。その間、明治三十八年七月付近の出火により説教所は焼失した。同年八月斉藤善四郎らは現在地に土地をもとめ、四十一坪の仮本堂を建設した。火災によってすこし遅れたが、了山は寺号公称にこぎつけ、大正六年大正寺公称の認可を受ける。大正寺の寺名は大正時代の公称を記念したもの。念願の本堂は岩手県の名工花輪喜久蔵の作で、総工費三万円で昭和四年に建立した。

第二世松尾真善は戦中戦後にかけ客殿および

厄坂75（男42 女33）段をのぼると本堂に着く

庫裡を新築、納骨堂を建立し、石垣、石段を完成するなど境内整備をおこなった。また第三世（現住職）松尾正善師は現納骨堂を建立し、弘法大師御入定一一五〇年記念、大正寺開基八十周年記念事業として、本堂大改修、紫雲閣、庫裡を新築し、管長森寛紹大僧正の御親教を仰ぎ

白鳥湾を背にした大正寺

大法要をおこなった。

第一世了山が松尾寺を出発する際に贈られた「涅槃図」は、大幅で江戸時代の作。金山穆韶《ぼくしょう》大僧正の書が多く所蔵されている。

最近は檀信徒を対象に「阿字観《あじかん》」（真言密教の禅）の講習がおこなわれている。

室蘭の大正寺が三十三番の結願札所となった理由は、霊場開創当時の交通事情にあったと思われる。三十一番（日高円昌寺）から三十二番（虻田亮昌寺）にいたるには、三十三番大正寺をとばしていく形になって、いまの交通事情からするとムダな道順である。逆もどりしてまでも三十三番を室蘭へ配置したのは、当時室蘭と函館近くの森の間に客船の定期航路が開設されていたからと思われる。函館を鉄道で出発し北

海道を一巡りして室蘭で打ち終え、内浦湾をいっきに船で森へ上り函館へもどるほうが、海岸沿いを列車で遠回りするよりはるかに早く便利だったろう。あくまでも一番にもどる前提で、三十三番が室蘭と決定されたとしたら、札所配置を決めた肥田盛道や大橋秀戒、そして寄進者の山本ラクの胸のうちに、〝内地〟から海を渡ってやってくる巡拝者を予測していたからにほかあるまい。いまは北海道に新千歳空港をはじめ本州方面からの航空路が数都市に開かれ、旅も多様化の時代を迎えた。

市内には地球岬をはじめとする白鳥大橋など海岸美をほこる名勝が多い。

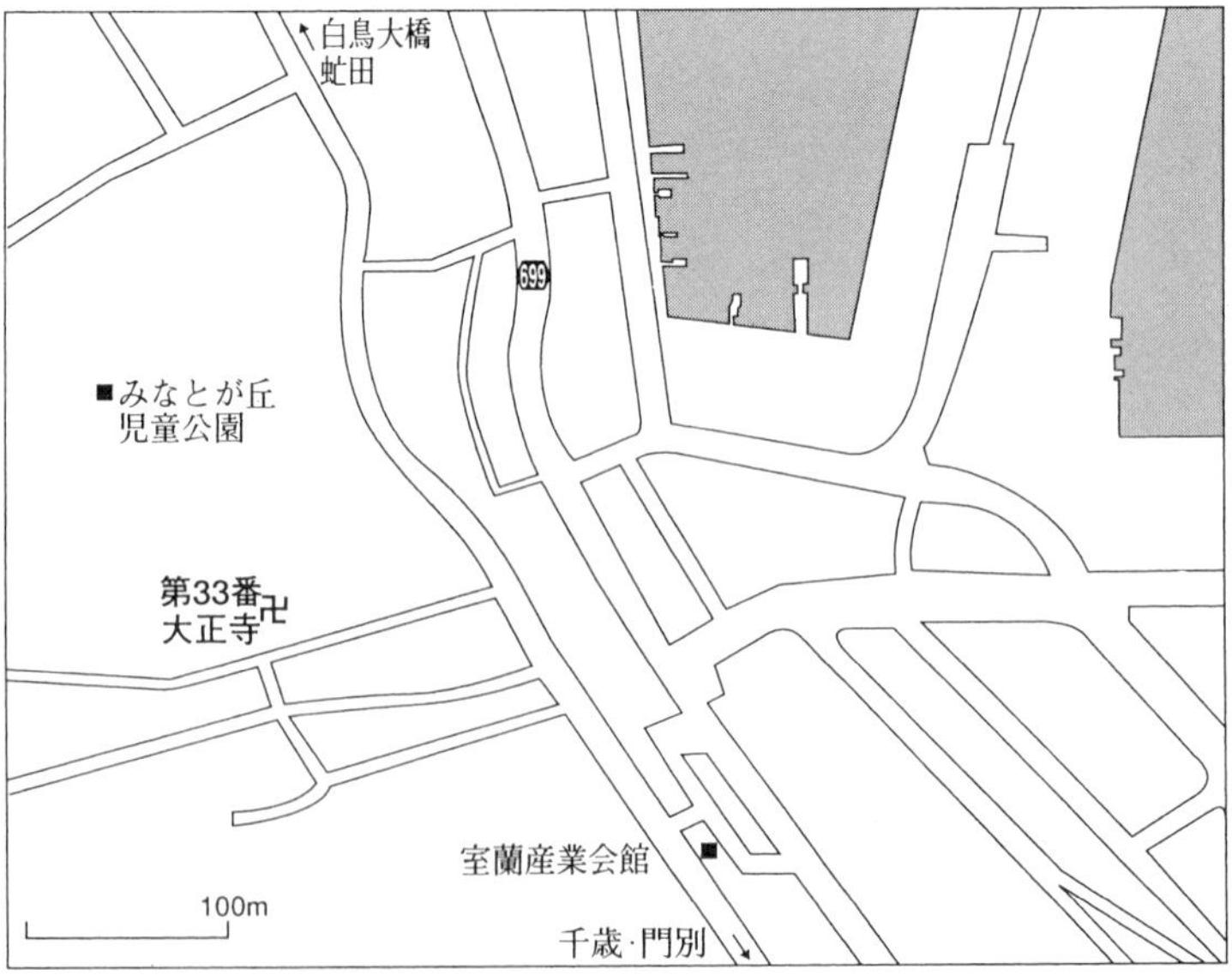

北海道開教と霊場――『北海道三十三観音』によせて――

大濱徹也

北海道は、未開の新天地、「富の宝庫」として大きな期待がよせられていた。しかし原野の生活は、困苦にみちたものだけに、開拓を推進するにたる活力が問われた。その活力をになうものとして宗教への期待があり、諸宗派教団は新天地に地歩をしめるべく教線を展開する。

かかるなかで形成された教線は、本山からの派遣僧らが中心となって布教したものと、開拓移住者として入殖するなかで同信者を結集していくものの二つに大きく分けることができる。前者は、本山の権威を背にした布教で、「官府的布教」といえよう。後者は、新天地に一寺建立をめざして渡道した寺の二、三男や篤信の民間人ら、何らの権威に支えられることなき「民衆的布教」である。北海道の寺院は、このような「民衆的布教」を場として誕生し、教団に組織化されていったものが多くみられる。

開拓地における宗教は、祖先累代墳墓の地を棄て、異郷の地に居を定めた移住者の「人心ヲ慰安シ、土着ノ観念ヲ興起セシムル」ものとして期待されていた。移住者は、未開の原野と闘う厳しい生活のなかで、神仏の加護を祈り、明日をきりひらかんとした。野にある布教者は、こうした移住者の足跡をたどり、同郷同信の縁で組織し、説教所から寺号公称への途をたどったのである。ここにいたるまでには、入殖地の盛衰のみならず、本山との関係など多くの困難がつきまとっていた。

この説教所・教会を設立するためには信者の組織化が急務の課題であった。ここに真言系では霊場建設などを手がかりに人心の掌握がはかられた。こうした霊場建設は、僧侶による信者の組織化ということのみならず、開拓地の生活が安定するなかで望郷の念から在俗者の発願でなされたものもみられる。その発願は、開拓に成功したという思いよりも、原野の生活のなかで失った親子兄弟知友への愛惜の念からのものが多く、遠き故郷の大地を偲ぶものであった。それだけに、かかる霊場建設は四国から瀬戸内なかでも徳島県出身者が中心となったものが目につく。そのような霊場は、寺院境内地にまとめてあったり、裏山を一巡するように配置されるなど、きわめて規模が小さいものである。美深町の恩穂山新四国八十八カ所霊場はそうした在俗者の手になったものにほかならない。また、僧侶が先導したものとしては、竹本才順による岩見沢市上志文の高徳寺、常呂郡留辺蘂町の景勝寺、同郡佐呂間町の高隆寺の霊場などがその典型である。これらの地域霊場は、西国三十三カ所霊場をも併置することで、多様なる移住者の祈りに応じようとしていた。

まさに北の霊場は、西国霊場・四国霊場が開拓地である村や市街地を臨む高台にきずかれているように、日々の生活のなかであおぎみる心の糧たるのみならず、辛苦にみちた生活のオアシスたるべく移住者の「厚生の地」として花見の名所たる性格をもかねそなえていた。いわば開拓地における宗教は、霊場建設の一端が示すように、入植移住者の日常生活の場で生きて働くものとして大きな役割をはたしたのであった。

一方では、大正から昭和にかけ、天塩新四国霊場、富良野新四国霊場などのように、地域を縦断した霊場が建設された。そこには、鉄道開通や温泉の活用などの観光的配慮もみられるように、原野の開拓が一段落ついたなかでの北海道発展への模索がうかがえよう。

「北海道三十三観音霊場」は、かかる地域的霊場をしのぐ規模大なるもので、道内全域をめぐっていた。その全容は、開創者山本ラクの生涯とともに、資延憲英さんの長年の研究ではじめてあきらかになった。ここには、民衆の手になる開教への烈しき志が息づいており、北の大地に身を投じた人びとの慟哭が聞えてくる。おもうに、北海道開教史の研究は、本山を中心とする視点からの布教史として把握されがちなだけに、北の大地に生きた民の心を見失うおそれがある。それだけに霊場を訪れ、発願人である山本ラクをはじめ美深の神野槌之丞や竹本才順らの思いを追体験することは、凍てる大地に生きねばならなかった業苦を共有することにより、民の心を心とし、己が心を凝視するために大切な方途といえよう。まさに資延さんの仕事は、宗門人が発する実戦的課題から生れたものとして、多くのことを問いかけている。

（おおはま・てつや＝筑波大学教授）

巡拝の手びき

北海道三十三観音を巡拝する際「内地」の霊場と異なる点がありますので、特に団体の方は以下のことにご留意ください。

①充分に余裕をもった日程を組みましょう。

全長二千三百キロ、観光を入れると三千キロに及ぶ長大な霊場です。全周の場合九泊十日（含観光）くらいが標準のようです。

②靴をぬいで本堂に上がってお参りします。

お接待、住職の挨拶、お手洗いを借りるなど一箇所三、四十分の時間をみてください。

③団体の方は事前にお参りの日時と人数を各札所に電話か、はがきでご連絡下さい。

札所によってはお接待の準備、本堂の鍵をあけたり、留守にしないなど事前の準備がありますので。

④個人でお参りの方は事前連絡の必要はありません。

通常本堂は閉まっておりますので、庫裏（住宅）の玄関でお参りの要領を聞いて下さい。

⑤お手洗いについて

大人数に対応できない札所もありますので、近くの「道の駅」などですませて来られると助かります。

⑥ほとんどの札所は門前にバスを付けることができます。

足の不自由な方も安心してお参りできます。

⑦お参りできる時間は午前八時から午後六時まで。

⑧ご朱印代は、掛軸五百円、納経帳三百円、白衣二百円です。

北海道三十三観音

■著者略歴■
資延憲英（すけのぶ・けんえい）
1936年　北海道深川市に生まれる
1958年　高野山大学卒業
1959―1969年　旭川・札幌市にて高校教諭
1969―1971年　タイ・バンコック市（ワット・ラージャブラナ僧院）に高野山真言宗派遣開教留学僧
現　在　深川市真言寺住職、高野山真言宗本山布教師、北海道三十三観音霊場会事務局長

2000年5月30日　改訂版発行
2005年6月10日　改訂版第2刷

著　者　資　延　憲　英
発行者　山　脇　洋　亮
印　刷　モリモト印刷㈱

発行所　東京都千代田区飯田橋 4-4-8　東京中央ビル内　**同成社**
TEL 03－3239－1467　振替 00140－0－20618

ISBN4－88621－201－8 C0015